WiSorium
Wirtschafts- und Sozialwissenschaftliches Repetitorium

Herausgegeben von Professor Dr. Michael Bernecker

Baeumle-Courth · Nieland · Schröder, Wirtschaftsinformatik
Baumgarth · Bernecker, Marketingforschung
Bernecker, Grundlagen der Betriebswirtschaftslehre
Bernecker · Helmke, Der handelsrechtliche Jahresabschluß
Bernecker · Seethaler, Grundlagen der Finanzierung
Böck, Personalmanagement
Bode, Allgemeine Wirtschaftspolitik
Franz · Bernecker, Allgemeine Volkswirtschaftslehre
Grote · Wellmann, Mikroökonomik
Möller · Dörrenberg, Projektmanagement
Wellmann · Hünseler, Makroökonomik
Wellmann · Hünseler, Wachstumstheorie
Witte, Logistik
Witte, Materialwirtschaft

Wachstumstheorie

Von
Diplom-Kaufmann Andreas Wellmann
und
Diplom-Volkswirt Jürgen Hünseler

R. Oldenbourg Verlag München Wien

Bibliografische Information Der Deutschen Bibliothek

Die Deutsche Bibliothek verzeichnet diese Publikation in der Deutschen Nationalbibliografie; detaillierte bibliografische Daten sind im Internet über <http://dnb.ddb.de> abrufbar.

Rosenheimer Straße 145, D-81671 München
Telefon: (089) 45051-0
www.oldenbourg-verlag.de

Gedruckt auf säure- und chlorfreiem Papier
Gesamtherstellung: Druckhaus „Thomas Müntzer“ GmbH, Bad Langensalza

ISBN 3-486-20019-4

Vorwort

Das vorliegende Buch dient der Einführung in die Wachstumstheorie und hat einen großen Vorteil: Es ist dünn. Wir haben uns hier auf die *Schnittmenge* dessen beschränkt, was an deutschen Universitäten üblicherweise in der Vorlesung Wachstumstheorie gelehrt wird. Somit bietet dieses Repetitorium eine gute Unterstützung dieser Lehrveranstaltung, ohne dass es den Anspruch erhebt, den kompletten Stoff abzuhandeln. Da in den letzten Jahren vermehrt solche Analysen und Zusammenhänge in der Finanzwissenschaft gelehrt werden, die auf verschiedenen Modellen der Wachstumstheorie basieren, bietet das vorliegende Buch darüber hinaus auch eine hervorragende Grundlage zum Verständnis wichtiger finanzwissenschaftlicher Zusammenhänge.

Wir sind der festen Überzeugung, dass das Verständnis ökonomischer Zusammenhänge am besten von den zugrunde liegenden Ideen hin zum Verstehen der Formeln erfolgt – nicht andersherum. Dieses Vorgehen macht das Buch zu einem idealen Einstiegsbuch, auch für Student(inn)en mit Nebenfach Ökonomie.

Jedem Kapitel sind Lernziele vorangestellt, damit der eilige Leser – vor Prüfungen haben es fast alle Leser eilig – sein Wissen gezielt auffrischen kann. Die einzelnen Abschnitte enden mit Begriffen zum Nachlesen (oder Überdenken) und Übungsaufgaben, zu den fett gedruckten Aufgaben finden sich Lösungen im Anhang.

Am Ende des Buches finden Sie eine – ebenfalls knapp gehaltene – kommentierte Literaturliste mit weiterführenden Büchern.

Wir wollen nicht soweit gehen, zu sagen, dass Sie bei Beherrschung des Stoffes des vorliegenden Buches durch keine Wachstums-Klausur durchfallen können. Aber die Grundlage für das Bestehen haben Sie damit auf alle Fälle gelegt.

Abschließend recht herzlichen Dank für die Beseitigung der Tippfehler und das Korrekturlesen von Rechtschreibung und Interpunktion an Frau A. Maxein.

Viel Erfolg und viel Spaß!

Köln

Andreas Wellmann Jürgen Hünseler

Abkürzungsverzeichnis

Indize

$\dot{}$	ein Punkt über einer Größe kennzeichnet das absolute Wachstum dieser Größe pro Zeiteinheit in kontinuierlicher Betrachtung
*	ein Stern als hochgestellter Index kennzeichnet eine gleichgewichtige Größe
e	als tiefergestellter Index kennzeichnet im Solow Modell mit technischem Fortschritt alle Größen in Effizienzeinheiten

Griechische Zeichen

α	Arbeitsproduktivität bei linear-limitationaler Produktionsfunktion im Harrod- und Domar-Modell
α	Produktionselastizität des Faktors Arbeit
$1 - \alpha$	Produktionselastizität des Faktors Kapital
β	Kapitalproduktivität bei linear-limitationaler Produktionsfunktion im Harrod- und Domar-Modell
Δ	(Delta) absolute Veränderung in diskreter Betrachtung
γ	(Gamma) Abschreibungsrate
θ	(Teta) subjektive Diskontrate
λ	(Lambda) Schattenpreis bei Hamiltonfunktion
$\dot{\lambda}$	Absolutes Wachstum des Schattenpreises pro Zeiteinheit in kontinuierlicher Betrachtung
σ	Grenznutzenelastizität

Lateinische Zeichen

a	Effizienzparameter der aK-Produktionsfunktion
A	arbeitsvermehrender technischer Fortschritt
C	realer Konsum
c	Pro-Kopf-Konsum
c'	Konsumquote oder marginale Konsumneigung
c^*	gleichgewichtiger Pro-Kopf-Konsum

c'^*	gleichgewichtige Konsumquote
e	Eulersche Zahl
g_A	Rate des technischen Fortschritts
g_L	Wachstumsrate der Arbeitsbevölkerung = Wachstumsrate der Gesamtbevölkerung
g_w	befriedigende Wachstumsrate im Harrod-Modell
I	Nettoinvestitionen
i	reale Kapitalertragsrate bzw. Nettozins
K	Kapitaleinsatz (Maschineneinsatz) in den Solow und postkeynesianischen Modellen
$\dot{K}$	absolutes Wachstum des Kapitalstocks pro Zeiteinheit in kontinuierlicher Betrachtung = Nettoinvestitionen in den Solow und postkeynesianischen Modellen
k	Kapitalintensität = $\frac{K}{L}$
k	Kapitalkoeffizient = $\frac{K}{Y}$ in den postkeynesianischen Modellen
$\dot{k}$	absolutes Wachstum der Kapitalintensität pro Zeiteinheit in kontinuierlicher Betrachtung
k^*	gleichgewichtige Kapitalintensität
k_e	Kapitalintensität in Effizienzeinheiten
$\dot{k}_e$	absolutes Wachstum der Kapitalintensität in Effizienzeinheiten
k_e^*	gleichgewichtige Kapitalintensität in Effizienzeinheiten
K	Kapitaleinsatz (Sach- und Humankapital) im aK-Modell
k_r	erforderlicher Kapitalkoeffizient in den postkeynesianischen Modellen
L	Arbeitseinsatz
$\dot{L}$	absolutes Wachstum des Arbeitseinsatzes pro Zeiteinheit in kontinuierlicher Betrachtung
n	Wachstumsrate der Bevölkerung in den postkeynesianischen Modellen
r	Realzins
S	reale Ersparnisbildung

s	Pro-Kopf- Ersparnisbildung
s´	Sparquote oder marginale Sparneigung
s*	gleichgewichtige Pro-Kopf-Ersparnisbildung
s´*	gleichgewichtige Sparquote
t	Periode
t	Steuersatz im aK-Modell
u	Nutzen
w	Reallohn
Y	Realeinkommen
$\dot{Y}$	absolutes Wachstum des Realeinkommens pro Zeiteinheit in kontinuierlicher Betrachtung
y	Pro-Kopf-Einkommen = $\frac{Y}{L}$
y_e	Pro-Kopf-Einkommen in Effizienzeinheiten

Gegenstand und Fragestellungen

In diesem Kapitel lernen Sie

- den grundlegenden Unterschied zwischen kurz-, mittel- und langfristiger volkswirtschaftlicher Modelle,
- die grundsätzlichen Fragestellungen der Wachstumstheorie und
- den Aufbau und die Abgrenzung wachstumstheoretischer Modelle kennen.

Für die meisten Studenten[1] des wirtschaftswissenschaftlichen Studiums ist die Wachstumstheorie das Fachgebiet mit dem *scheinbar* höchsten Schwierigkeitsgrad. War es in der Vergangenheit jedoch so, dass man der Wachstumstheorie in der Regel während des gesamten Studiums aus dem Weg gehen konnte, hat sich die Wachstumstheorie in den letzten Jahren in sehr vielen Fakultäten ins derzeitige Examensprogramm für angehende Dipl. Volkswirte und auch Dipl. Kaufleute geschlichen. Der Eindruck vom hohen Schwierigkeitsgrad bestätigt sich bei vielen Studenten nach den ersten Vorlesungsterminen und der Ansicht eines Lehrbuches, viele Studenten halten die Modelle schlicht für nicht erlernbar.

Wir meinen, dass nicht der Sachverhalt schwierig ist, sondern dass die üblichen Darstellungs- und Herangehensweisen den Zugang zum Thema erschweren; wie z.B. die extrem mathematische Darstellung und die Art und Weise des Vortrags in den entsprechenden Vorlesungen. Dies stellt für die Studenten ein großes Hindernis dar und führt entweder zu frühzeitiger Frustration und Ablehnung der Wachstumstheorie oder wird erst nach einigen Semestern mit verzweifelten Anstrengungen aufgeklärt. Dieses Problem hoffen wir, mit Hilfe des vorliegenden Lehrbuchs zu beseitigen. Dazu beschränken wir uns strikt auf die drei wichtigsten Grundlagenmodelle. Wir verfolgen dabei zwei Ziele: (1) einerseits Ihnen diese drei Modelle **verständlich**, inklusive aller mathematischen Schritte **zu erklären** und Ihnen (2) andererseits den **grundsätzlichen Umgang** mit wachstumstheoretischen Modellen aufzuzeigen, so dass Sie sich später auch speziellere Modelle ohne größere Schwierigkeiten aneignen können. Dieses Buch ist daher für *alle* Studierenden geeignet, die sich mit Wachstumstheorie beschäftigen, bzw. sich auf eine entsprechende Prüfung vorbereiten, unabhängig davon, welche Modelle sie für welche Prüfung vorbereiten müssen.

Nun wollen wir aber doch ernsthaft beginnen, wobei wir zunächst die Abgrenzung zur Makroökonomie und zur Konjunkturtheorie, den grundsätzlichen Untersuchungsgegenstand wachstumstheoretischer Modelle sowie die Abgrenzung und den

---

[1] Hinweis: Zur Erleichterung der Lesbarkeit des Textes wurden die im Sprachgebrauch üblichen maskulinen Formen verwandt; bei all diesen Formulierungen ist jeweils auch die feminine Form gemeint. Für den seltenen umgekehrten Fall gilt dasselbe: da, wo der allgemeine Sprachgebrauch die feminine Form wählt (bekanntes Beispiel: die Hebamme), wurde im Text auch nur diese gewählt, obwohl hier natürlich auch das Maskulinum gemeint ist.

Aufbau von wachstumstheoretischen Modellen erläutern und anschließend den Aufbau dieses Buches erklären.

1. Makroökonomie, Konjunkturtheorie und Wachstumstheorie

Schaut man sich den zeitlichen Verlauf wichtiger ökonomischer Größen wie dem gesamtwirtschaftlichen Realeinkommen (Bruttosozialprodukt), der Industrieproduktion oder der Beschäftigung an, so fallen zwei Zusammenhänge auf:

(1) Alle Größen nehmen über einen längeren Zeitraum hinweg zu und

(2) diese Zunahme geschieht nicht gleichförmig, sondern in Wellenbewegungen um einen langfristigen Wachstumspfad.

Die gestrichelte Linie in Abbildung 1 beschreibt den langfristigen Wachstumspfad des Realeinkommens Y[2] in einer Volkswirtschaft, die durchgezogene Linie beschreibt hingegen die tatsächliche Entwicklung des Realeinkommens im Zeitablauf t.

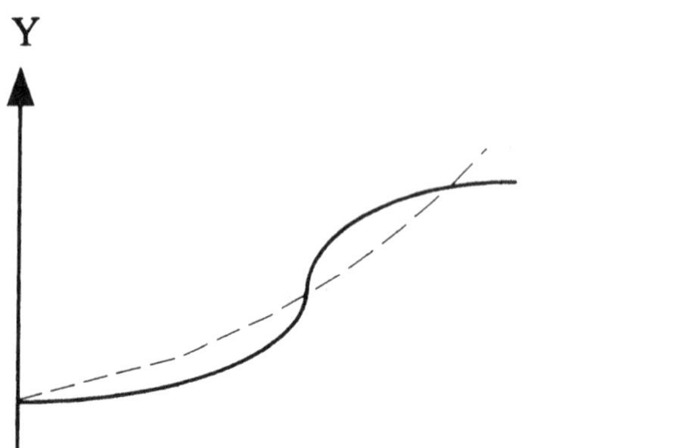

Abbildung 1: Das Realeinkommen im Zeitablauf

Mit der Entwicklung des gesamtwirtschaftlichen Einkommens und dessen Veränderungen, bzw. den Ursachen der Veränderungen der Abhängigkeiten der wichtigsten gesamtwirtschaftlichen Größen beschäftigen sich die volkswirtschaftlichen Disziplinen Makroökonomie, Konjunkturtheorie und Wachstumstheorie.

---

[2] Da wir es in diesem Buch ausschließlich mit realen Größen zu tun haben, verzichten wir auf den Index r für real. Beim Einkommen Y handelt es sich somit nicht um eine Geld- sondern um eine Gütergröße, z.B. kg Kartoffeln (Vereinfachend nehmen wir im folgenden eine 1-Güter-Wirtschaft an. Dies gilt für alle kommenden Größen.)

- Untersuchungsgegenstand der **Makroökonomie** sind gesamtwirtschaftliche Zusammenhänge. Hierzu werden einzelwirtschaftliche Größen zu gesamtwirtschaftlichen Größen zusammengefasst (aggregiert). Untersucht werden Realeinkommen, Beschäftigung, Güternachfrage, Güterangebot, Inflation sowie das gesamtwirtschaftliche (temporäre) Gleichgewicht. Die Nachfragewirkung von Investitionen (Nettoerhöhung des Maschinenbestandes) werden berücksichtigt, deren Kapazitätseffekt (Güterangebotseffekt durch den höheren Maschinenbestand) wird in der Makroökonomie aber vernachlässigt. Makroökonomie analysiert daher eine Volkswirtschaft in kurzer oder mittlerer Sicht (daher das Adjektiv temporär oben). Wir wollen an dieser Stelle aber darauf hinweisen, dass die Begriffe kurz-, mittel und langfristig nicht als zeitliche Dimension zu verstehen sind, die Fachgebiete unterscheiden sich ausschließlich in der gerade erläuterten Berücksichtigung der Veränderung des Produktionspotentials (Maschinenbestand).
- Die **Konjunkturtheorie** untersucht ebenso wie die Makroökonomie gesamtwirtschaftliche Zusammenhänge in einer ausschließlich kurzen oder mittleren Sicht. Untersuchungsgegenstand sind jedoch die Schwankungen der Volkswirtschaft um den langfristigen Wachstumspfad. Untersucht werden mögliche theoretische Erklärungen für das Zustandekommen der Konjunkturschwankungen, daraus ableitbare Prognosen sowie Möglichkeiten der Beeinflussung, in erster Linie der Glättung. Auch die Konjunkturtheorie betrachtet das gesamtwirtschaftliche Einkommen und dessen Veränderungen, bzw. die Ursachen der Veränderungen, bei einem festem Kapitalstock (= gegebener Maschinenbestand); Inhalt ist somit die Auslastung des Produktionspotentials (Arbeit und Kapital).
- Die **Wachstumstheorie** untersucht hingegen die Entwicklung des gesamtwirtschaftlichen Einkommens, in erster Linie des Pro-Kopf-Einkommens, als Folge von Veränderungen des Produktionspotentials (Arbeit und/oder Kapital) und als Folge von technischer Entwicklung (technischer Fortschritt) über mehrere Konjunkturzyklen bzw. über mehrere temporäre Gleichgewichte hinweg. Neben der reinen Nachfragewirkung von Investitionen wird auch der Kapazitätseffekt von Investitionen berücksichtigt.

2. Der Untersuchungsgegenstand wachstumstheoretischer Modelle

Nachdem wir nun die Wachstumstheorie von den anderen volkswirtschaftlichen Fachgebieten abgegrenzt haben, die sich mit gesamtwirtschaftlichen Zusammenhängen beschäftigen, müssen wir uns ein wenig detaillierter mit den Fragestellungen in der Wachstumstheorie beschäftigen. Untersuchungsgegenstand ist, wie oben schon dargelegt, die langfristige Wirtschaftsentwicklung, d.h. in erster Linie die folgenden vier Fragestellungen:

(1) Die absolute Entwicklung des Realeinkommens und die relative Entwicklung des Realeinkommens (Wachstumsrate). Welche Ursachen kann ein Anstieg des Realeinkommens haben? Ursachen können ein höherer Arbeitseinsatz, ein höherer Kapitaleinsatz oder ein effizienterer Arbeits- oder Kapitaleinsatz sein (Technischer Fortschritt).

(2) Wichtiger ist jedoch die absolute und relative Entwicklung des Pro-Kopf-Einkommens. Das Pro-Kopf-Einkommen steigt, wenn der durch einen höheren Kapitaleinsatz oder durch einen effizienteren Arbeits- oder Kapitaleinsatz bedingte Anstieg des Einkommens relativ größer ist als der Bevölkerungsanstieg.

In diesem Zusammenhang interessiert,

(3) die Existenz und das Zustandekommen eines Gleichgewichtes in der Makroökonomie. Unter Gleichgewicht verstehen wir in der Wachstumstheorie konstante Wachstumsraten des Einkommens bzw. des Pro-Kopf-Einkommens (so genannter Steady State).

Letzter Untersuchungsgegenstand sind

(4) die Einflussfaktoren auf die Ergebnisse. Wovon hängen die Ergebnisse ab? Können diese positiv beeinflusst werden?

3. Modellabgrenzung und Modellübersicht

In der Wachstumstheorie herrschten bis Mitte der 50er Jahre des vergangenen Jahrhunderts **postkeynesianische** Modelle vor. Diese Modelle basieren auf der keynesianischen Makroökonomie und sind nichts anderes als dynamisierte keynesianische Modelle, d.h. neben dem Nachfrageeffekt von Investitionen werden auch die Kapazitätseffekte (der Produktionseffekt durch die Vergrößerung der Produktionskapazitäten) berücksichtigt. Diese Modelle konnten stabile Wachstumsraten, wie in den meisten entwickelten Volkswirtschaften zu beobachten, nur schwer erklären, die postkeynesianischen Modelle führen zu instabilen Ergebnissen.

Das 1956 von Solow entwickelte Wachstumsmodell legte den Grundstein für die bis heute vorherrschenden **neoklassischen** Wachstumsmodelle und auch für später entwickelte, zum Teil sehr spezielle, Modelle. Diese Modelle der modernen Wachstumstheorie beruhen auf unterschiedlichen Annahmen bezüglich der Veränderung und der Veränderungsrate von Arbeit, Kapital und technischem Fortschritt und auf unterschiedlichen Annahmen von Produktionsbedingungen[3] (= unterschiedliche Produktionsfunktionen). Zur Veränderung bzw. Veränderungsrate des Produktionspotentials (Arbeit und Kapital) und zum technischen Fortschritt wird von Folgendem ausgegangen:

- **Arbeit:** Die Veränderung (Wachstum) des Produktionsfaktor Arbeit wird durch die Wachstumsrate der Bevölkerung bestimmt. Diese wird in den grundlegenden Modellen der Wachstumstheorie als gegeben (exogen) betrachtet. Einige recht spezielle Modelle betrachten die Wachstumsrate der Bevölkerung und damit des Arbeitskräftepotentials in Abhängigkeit unterschiedlicher exogener (z.B. Präferenzen für Kinder) und endogener (z.B. Pro-Kopf-Einkommen) Modellvariablen. Diese speziellen Modelle sind nicht Thema dieses Buches.
- **Kapital (Maschinenbestand):** Die Veränderung des Kapitalbestands wird grundsätzlich in den Modellen der Wachstumstheorie als endogene Größe behandelt, d.h. die Änderungsrate ist Ergebnis anderer Modellgrößen (z.B. von Einkommen und Sparquote).
- **Technischer Fortschritt:** Von technischem Fortschritt sprechen wir dann, wenn bei gleichem Einsatz der Produktionsfaktoren mehr produziert wird. Der technische Fortschritt wird in der Regel als exogene Größe behandelt (d.h. die Ursache wird nicht erklärt). Zudem gibt es Modelle, die vollständig von technischen Fortschritt absehen bzw. eine Rate von 0% annehmen. Einige recht spezielle Modelle betrachten den technischen Fortschritt als endogene, von anderen Modellvariablen abhängige, Größe. Diese speziellen Modelle sind ebenfalls nicht Thema dieses Buches.

Die Solow-Modelle weisen nun bezüglich dieser Kriterien folgende Ausprägungen auf:

- **Neoklassische Wachstumstheorie nach Solow ohne technischen Fortschritt**: Untersuchungsgegenstand ist die langfristige Entwicklung des Pro-Kopf-Einkommens in einer Welt *ohne* technischen Fortschritt, einer gegebenen Wachstumsrate der Bevölkerung und unter Annahme einer bestimmten Produktionsfunktion nämlich der Cobb-Douglas-Produktionsfunktion. Als Ergebnis erhalten wir ein langfristig konstantes Pro-Kopf-Einkommen und daher eine Wachstumsrate des Pro-Kopf-Einkommens von 0%. Eine kurzfristige Erhöhung der Sparquote hat zwar einen kurzfristigen Effekt auf die absolute Höhe des Einkommens, die Wachstumsrate wird daher kurzfristig positiv, fällt aber nach einigen Perioden der Anpassung wieder auf den gleichgewichtigen Wert von 0%.

---

[3] Die Produktionsbedingungen werden wir in der Modellübersicht in Kapitel B.1. unterscheiden.

- **Neoklassische Wachstumstheorie nach Solow mit technischen Fortschritt**: Untersuchungsgegenstand ist die langfristige Entwicklung des Pro-Kopf-Einkommens in einer Welt *mit* technischen Fortschritt, einer gegebenen Wachstumsrate der Bevölkerung und unter Annahme einer bestimmten Produktionsfunktion nämlich der Cobb-Douglas-Produktionsfunktion. Als Ergebnis erhalten wir ein langfristig steigendes Pro-Kopf-Einkommen und daher eine positive Wachstumsrate des Pro-Kopf-Einkommens in Höhe des technischen Fortschritts. Eine kurzfristige Erhöhung der Sparquote hat auch hier einen kurzfristigen positiven Effekt auf die Wachstumsrate, diese fällt aber nach einigen Perioden der Anpassung wieder auf das ursprüngliche Niveau im Gleichgewicht.

Die Kenntnis die Beherrschung dieser beiden Modelle ist ein unabdingbares Grundgerüst für die weitere Beschäftigung mit wachstumstheoretischen Modellen .

Im Anschluss an die Solow-Modelle haben sich eine Vielzahl **weiterer** Wachstumsmodelle in den vergangenen 40 Jahre entwickelt. Es würde den Rahmen dieses Buches sprengen, diese auch nur Übersichtsweise vollständig darzustellen. Das bekannteste dieser Modelle, welches auch in den meisten Vorlesungen zur Wachstumstheorie neben den Solow-Modellen gelehrt wird, ist das aK-Modell. Dies ordnet sich bezüglich der oben festgestellten Kriterien folgendermaßen ein:

- **aK-Modell (endogene Wachstumstheorie)**: Untersuchungsgegenstand ist die langfristige Entwicklung des Pro-Kopf-Einkommens unter Berücksichtigung einer speziellen Produktionsfunktion, der aK-Produktionsfunktion. Die aK-Produktionsfunktion basiert auf einem neuen Kapitalbegriff. Hierunter wird in diesem Modell sowohl Sachkapital (Maschinenbestand) als auch Humankapital (Arbeitskraft) verstanden. Die wesentliche Eigenschaft dieser Produktionsfunktion ist eine konstante Grenzproduktivität des Kapitals (Human- und Sachkapital). Als Ergebnis erhalten wir eine Abhängigkeit der Wachstumsrate des Pro-Kopf-Einkommen von der Sparquote.

Die neoklassischen Wachstumsmodelle werden auch als exogene Wachstumsmodelle bezeichnet, weil die Wachstumsraten im Steady State (Gleichgewicht) unabhängig von allen endogenen Modellvariablen (wie z.B. die Sparquote) sind. Das aK-Modell wird häufig auch als endogenes Modell bezeichnet, da hier im Gegensatz zum neoklassischen Modell die Wachstumsraten im Steady State durch endogene Modellvariablen mitbestimmt werden.

4. Allgemeiner Modellaufbau und Aufbau dieses Buches

Zu Beginn geben wir einen Überblick und eine kurze Wiederholung über einige grundlegende ökonomische Zusammenhänge (Kapitel A1. – A.3.), die notwendige Grundlagen zum Aufbau und Verstehen unserer wachstumstheoretischen Modelle sind. Diese Fragen betreffen die Einkommensentstehung (aus der mikroökonomischen Produktionstheorie), die Einkommensverteilung (auf Lohn- und Kapital, d.h. Lohnquote und Kapitalquote) und die Einkommensverwendung (keynesianische Konsum- und Sparfunktion). Bevor wir mit den eigentlichen Modellen beginnen, müssen wir aber auch sicher sein, dass Sie alle mathematischen Voraussetzungen für die Wachstumstheorie besitzen. D.h. neben der üblichen Differentialrechnung und dem Rechnen mit Potenzen, die Sie im mathematischen Anhang finden, werden wir eine kurze Einführung in das Rechnen mit Wachstumsraten geben (Ende Kapitel A.).

Anschließend werden wir die drei oben skizzierten Grundmodelle der Wachstumstheorie ausführlich, unter Erklärung aller wichtigen Rechen- und Verständnisschritte mit möglichst einfachen Worten erklären. Wir beginnen mit dem Solow-Modell ohne technischen Fortschritt und erklären anschließend das Solow-Modell mit technischem Fortschritt. Bevor wir das aK-Modell als abschließendes Modell erläutern werden wir in einem Exkurs den Ramsey-Ansatz vorstellen.

Der Modellaufbau, im Folgenden kurz skizziert, ist im Übrigen bei allen Modellen sehr ähnlich:

Modellaufbau

In einem ersten Schritt wird das Pro-Kopf-Einkommen als Funktion des Kapitalbestandes pro Kopf (Kapitalintensität) formuliert. Im Weiteren wird untersucht, wie sich die Kapitalintensität unter den jeweiligen Modellannahmen über die Abfolge der temporären Gleichgewicht zum Steady State entwickelt. Abschließend wird die Konstanz der Kapitalintensität im Steady State bei Variation unterschiedlicher Modellvariablen untersucht und dadurch auch die Möglichkeiten der Einflussnahme durch politische Maßnahmen, besonders im Hinblick auf eine konsummaximale Kapitalintensität (die letzte Fragestellung bezieht sich ausschließlich auf die neoklassischen Modelle).

Begriffe zum Nachlesen

Am Ende eines jeden Kapitels finden Sie nun einige Begriffe zum Nachlesen. Schlagen Sie diese Begriffe in einem beliebigem Wirtschaftslexikon nach, um so mit dem Umgang der Literatur und diesen grundlegenden Begriffe vertraut zu werden.

Einkommen	Realeinkommen	Pro-Kopf-Einkommen
Kapital	Makroökonomie	Konjunkturtheorie

Wiederholungsfragen

Diese Aufgaben finden Sie im Folgendem hinter jedem Kapitel. Sie sollen Ihnen helfen, den zuvor dargestellten Stoff zu erarbeiten. Es handelt sich dabei häufig um Fragestellungen wie sie auch in Prüfungen gestellt werden. Zu allen fettgedruckten Aufgaben finden Sie im Anhang eine Lösungsskizze.

1. Erklären Sie den unterschiedlichen Zeithorizont bei der Makroökonomie und Konjunkturtheorie einerseits und bei der Wachstumstheorie andererseits.
2. Welche vier grundsätzlichen Fragestellungen interessieren uns in wachstumstheoretischen Modellen?

A. Ökonomische Grundzusammenhänge

In diesem Kapitel lernen Sie

- wie die Produktionsfaktoren Arbeit und Kapital optimal eingesetzt werden,
- wie sich das Einkommen auf die Produktionsfaktoren Arbeit und Kapital verteilt,
- wie Einkommen für Konsum und Ersparnisbildung verwendet wird und
- wie Sie mit Wachstumsgrößen und Wachstumsraten rechnen.

Falls Sie die kommenden mikro- und makroökonomischen Grundzusammenhänge noch aus dem Grundstudium kennen und auch noch nicht in den Tiefen Ihres Gehirns verloren gegangen sind, können Sie darauf verzichten, die folgenden 3 Abschnitte durchzuarbeiten. Arbeiten Sie aber bitte auf jeden Fall den mathematischen Exkurs durch, bevor Sie mit den Wachstumsmodellen beginnen.

1. Entstehung von Einkommen

Einkommen ist die Summe der in einer Volkswirtschaft produzierten Endprodukte von Gütern und Dienstleistungen. Einkommen entsteht somit ausschließlich durch Produktion, d.h. durch den Einsatz bzw. die Kombination von Produktionsfaktoren. Die technischen Bedingungen der Produktion werden hierbei durch so genannte Produktionsfunktionen beschrieben (Produktionsfunktionen stellen den technischen bzw. funktionalen Zusammenhang zwischen Faktoreinsatz und Produktionsergebnis dar). In den neoklassischen Wachstumsmodellen wird eine spezielle Produktionsfunktion unterstellt, die Cobb-Douglas-Produktionsfunktion (die im aK-Modell unterstellte Produktionsfunktion wird später im Modell erklärt).

Eine Cobb-Douglas-Produktionsfunktion besitzt eine Vielzahl spezieller Eigenschaften, die an dieser Stelle nicht alle diskutiert werden können[4]. Zwei dieser Eigenschaften müssen wir kurz erläutern: Die erste (für uns nicht so wichtige) Eigenschaft ist die der konstanten Skalenerträge bei totaler Faktorvariation (totale Faktorvariation: beide Produktionsfaktoren werden im gleichen Verhältnis erhöht). Werden beide Produktionsfaktoren immer weiter im selben Verhältnis erhöht (z.B. 10%) erhöht sich auch der Ertrag immer genau um dieses Verhältnis (10%).

Die zweite, für wachstumstheoretische Analysen sehr wichtige, Eigenschaft, ist die der abnehmenden Ertragszuwächse bei partieller Faktorvariation (partielle Faktorvariation: ein Produktionsfaktor wird erhöht, alle anderen Variablen werden konstant gehalten). Erhöht man z.B. den Einsatz des Produktionsfaktors Arbeit bei unverändertem Kapitaleinsatz, so steigt das Produktionsergebnis zwar an, die Zu-

[4] Eine ausführliche Beschreibung der Cobb-Douglas-Produktionsfunktion finden Sie in Grote/Wellmann: Mikroökonomik, erschienen in der gleichen Reihe.

wächse beim Produktionsergebnis nehmen allerdings bei fortlaufender Erhöhung des Arbeitseinsatzes und unverändertem Kapitaleinsatz absolut immer weiter ab. Beispielsweise führt eine 10%ige Erhöhung des Produktionsfaktors zu einer Ertragserhöhung von weniger als 10%, sagen wir 8%. Dieses Verhältnis (8:10 = 0,8) wird als Produktionselastizität des jeweiligen Faktors bezeichnet. Diese Eigenschaft gilt für beide Produktionsfaktoren.

In einer allgemeinen Betrachtung einer Cobb-Douglas-Produktionsfunktion hat der fortlaufende Rückgang der Ertragszuwächse zur Folge, dass eine exakte Bestimmung des Verhältnisses von zusätzlicher Produktion zu zusätzlichem Faktoreinsatz in einzelnen Punkten der Produktionsfunktion in Form einer Grenzbetrachtung erfolgen muss. Man bezeichnet dieses Verhältnis als Grenzproduktivität der Arbeit (bzw. des Kapitals). Mathematisch handelt es sich hierbei die 1. Ableitung der Produktionsfunktion nach dem jeweiligen Faktor (Arbeit oder Kapital).

Nehmen wir folgende formale Cobb-Douglas-Produktionsfunktion an:

$$Y = L^{\alpha} \cdot K^{1-\alpha}$$

mit L = Arbeitseinsatz, K = Kapitaleinsatz und α = Produktionselastizität des Faktors Arbeit, es gilt $0 < \alpha < 1$ und $1 - \alpha$ = Produktionselastizität des Faktors Kapital.

Konstante Skalenerträge (1.Eigenschaft oben) ergeben sich dadurch, dass die Produktionselastizitäten aller Faktoren sich zu eins addieren. Positive, aber abnehmende Grenzproduktivitäten (2.Eigenschaft oben) eines Produktionsfaktors dadurch, dass der Exponent (= Produktionselastizität) eines Faktors größer null und kleiner eins ist. Bei einer Cobb-Douglas-Produktionsfunktion besitzen alle Produktionsfaktoren abnehmende Grenzproduktivitäten. Für die Wachstumstheorie (speziell für die Solow-Modelle) bedeutende Bedingungen an eine Produktionsfunktion (die die Cobb-Douglas-Produktionsfunktion erfüllt) sind die **Inada-Bedingungen.** Diese unterstellt:

- die Grenzerträge werden unendlich groß, wenn die Faktoreinsätze gegen null streben,
- sie werden null, wenn die Faktoreinsätze gegen unendlich gehen,
- jeder Faktor ist wesentlich für die Produktion und
- der Output geht gegen unendlich, wenn die Einsatzmengen eines oder der beiden Faktoren gegen unendlich streben.

Aus der Makroökonomie wissen Sie (hoffentlich) noch, dass Unternehmen die Produktionsfaktoren dann gewinnmaximal einsetzen, wenn die zusätzlichen Erträge durch den vermehrten Faktoreinsatz (Grenzproduktivität) den zusätzlichen Kosten des Faktoreinsatzes (Lohn w beim Faktor Arbeit und Zinssatz r beim Faktor Kapital) entsprechen (Ist der zusätzliche Erlös größer als die zusätzlichen Kosten, dehnen die Unternehmen den Einsatz des Faktors aus, ist der zusätzliche Erlös kleiner, schränken die Unternehmen den Einsatz ein. Das Gewinnmaximum ist daher im Ausgleich von Grenzproduktivität und Faktorkosten erreicht). Daher entspricht der Lohn in einer Volkswirtschaft der Grenzproduktivität des Faktors Arbeit und der Zins der Grenzproduktivität des Faktors Kapital. **Wichtige Anmerkung**: Der Begriff Zins ist in der Wachstumstheorie oft Gegenstand von Missverständnissen. Im vorliegenden Text bezeichnen wir die Grenzproduktivität des Kapitals mit dem Zins r. Zu beachten ist, dass in diesem Zinssatz r die Abschreibungsrate γ enthalten ist (die Bedeutung der Abschreibungsrate wird im 1. Solow Modell erläutert). Der Zins r wird daher auch oft als Mietzins oder Bruttozins bezeichnet.

Formal gilt im Gewinnmaximum daher:

$$w = \frac{\partial Y}{\partial L}$$

$$r = \frac{\partial Y}{\partial K} = i + \gamma$$ [5]

Leiten wir nun unsere Cobb-Douglas-Produktionsfunktion von oben partiell nach den Faktoren Arbeit und Kapital ab, ergibt sich:

$$\frac{\partial Y}{\partial L} = \alpha \cdot L^{\alpha-1} \cdot K^{1-\alpha}$$

$$\frac{\partial Y}{\partial K} = (1-\alpha) \cdot L^{\alpha} \cdot K^{-\alpha}$$

Nehmen wir nun für die 1. Ableitung oben folgende Umformungen vor, ergibt sich:

$$\frac{\partial Y}{\partial L} = \alpha \cdot L^{\alpha-1} \cdot K^{1-\alpha} = \frac{\alpha \cdot L^{\alpha} \cdot K^{1-\alpha}}{L} = \frac{\alpha \cdot Y}{L}$$

Lösen wir dies nach α auf, ergibt sich für die Produktionselastizität des Faktors Arbeit (die Relation L/Y wird als Arbeitskoeffizient bezeichnet):

$$\alpha = \frac{\partial Y}{\partial L} \cdot \frac{L}{Y}$$

Die gleiche Umformung nehmen wir nun für die Ableitung nach K vor:

$$\frac{\partial Y}{\partial K} = (1-\alpha) \cdot L^{\alpha} \cdot K^{-\alpha} = \frac{(1-\alpha) \cdot L^{\alpha} \cdot K^{1-\alpha}}{K} = \frac{(1-\alpha) \cdot Y}{K}$$

Lösen wir dies nach 1-α auf, ergibt sich für die Produktionselastizität des Faktors Kapitals:

$$1-\alpha = \frac{\partial Y}{\partial K} \cdot \frac{K}{Y}.$$

---

[5] Bei partiellen Ableitungen wird das Symbol ∂ anstatt dem lateinischen d als Zeichen für den Differentialquotienten genommen. Die Interpretation ist die gleiche.

Die Relation K/Y wird als Kapitalkoeffizient bezeichnet (nicht zu verwechseln mit dem Begriff Kapitalintensität).

2. Verteilung von Einkommen

Wie verteilen sich Arbeitseinkommen und Kapitaleinkommen auf das gesamtwirtschaftliche Einkommen, d.h. wie hoch sind die Lohnquote (Lohneinkommen/ Gesamteinkommen) und die Kapitalquote (Kapitaleinkommen/ Gesamteinkommen). Schauen wir uns dies für Lohnquote und Lohneinkommen analytisch näher an.

Das Lohneinkommen einer Volkswirtschaft entspricht dem Produkt aus Lohnsatz und Arbeitseinsatz (mit w = Reallohnsatz)

$$\text{Lohneinkommen in der Volkswirtschaft} = w \cdot L$$

Wie bereits im vorangegangenen Abschnitt erläutert, entspricht bei gewinnmaximalem Verhalten und bei vollständiger Konkurrenz als Marktform der Lohn der Grenzproduktivität der Arbeit:

$$\text{Lohneinkommen in der Volkswirtschaft} = \frac{\partial Y}{\partial L} \cdot L$$

Ermitteln wir nun die Lohnquote. Diese ist die Relation von Lohneinkommen zu gesamtwirtschaftlichem Einkommen. Das gesamtwirtschaftliche Einkommen wird durch die Produktionsfunktion beschrieben: $Y = L^{\alpha} \cdot K^{1-\alpha}$, als Lohnquote ergibt sich damit (nach einsetzen der konkreten Ableitung (=Grenzproduktivität) für w und der Produktionsfunktion für Y):

$$\text{Lohnquote} = \frac{\frac{\partial Y}{\partial L} \cdot L}{Y} = \frac{\alpha \cdot L^{\alpha-1} \cdot K^{1-\alpha} \cdot L}{L^{\alpha} \cdot K^{1-\alpha}}$$

Da $L^{\alpha-1} \cdot L = L^{\alpha}$ kürzt sich bis auf α alles weg. Die Lohnquote entspricht daher der Produktionselastizität des Faktors Arbeit: **Lohnquote = α.**

Analog lässt sich dieser Zusammenhang auch für den Produktionsfaktor Kapital zeigen. Es gilt daher: **Kapitalquote = 1 - α**. Bitte weisen Sie diesen Zusammenhang als mathematische Übung analog der Rechnung her.

Bitte beachten Sie, dass zur Gültigkeit dieser Zusammenhänge sowohl auf dem Arbeits- als auch auf dem Kapitalmarkt vollständige Konkurrenz herrschen muss.

3. Verwendung von Einkommen

In einer Volkswirtschaft ohne Staat stehen zur Einkommensverwendung Konsum und Ersparnisbildung zur Verfügung. Für unsere Wachstumsmodelle unterstellen wir, dass die Haushalte einen festen Anteil des Einkommens für Konsum verwenden und den Rest jeweils sparen. Diese Anteile werden Konsum- bzw. Sparquote genannt. Konsum- und Sparquote sind exogen gegeben, die Höhe des Konsums und die Höhe der Ersparnisbildung sind daher rein einkommensabhängig. Es ergeben sich folgende formale Zusammenhänge:

$Y = C + S$ mit C = Konsum und S = Ersparnisbildung der Volkswirtschaft

$C = c' \cdot C$ mit c' = Konsumquote

$S = s' \cdot S$ mit s' = Sparquote

Konsum- und Sparquote addieren sich logischerweise zu eins (da wir ja von allen anderen Verwendungsmöglichkeiten absehen).

Die hier vorgestellten Zusammenhänge entsprechen der keynesianischen Erklärung für Konsum- und Ersparnisbildung bei Vernachlässigung des autonomen Konsum (Absolutglied der Konsumfunktion). In einer langfristigen Betrachtung (Wachstumstheorie) kommt dem autonomen Konsum keinerlei Bedeutung zu, daher können wir diesen auch problemlos vernachlässigen.

Mathematischer Exkurs: Rechnen mit Wachstumsraten

(1) Das (absolute) **Wachstum** einer volkswirtschaftlichen Größe, z.B. des gesamtwirtschaftlichen Einkommens, ist der absolute Zuwachs dieser Größe in einer Periode. Im Folgenden erkennen wir das absolute Wachstum einer Größe am Punkt oberhalb der Bezeichnung (Bsp. Absolutes Wachstum des Einkommens: $\dot{Y}$)

(2) Die **Wachstumsrate** (d.h. das relative Wachstum) einer Größe ist die Relation von absolutem Wachstum und dem Ausgangswert bei **diskreten** Werten. Beträgt das Einkommen in der Periode 1 beispielsweise 100 Einheiten und in der Periode 2 dann 110 Einheiten, ist das absolute Wachstum 10 Einheiten und die Wachstumsrate (das relative Wachstum) 10/100 = 10%. Formal ergibt sich (für t = Betrachtungsperiode hier Periode 2 und t-1 daher Periode 1):

$$\text{Absolutes Wachstum} = Y(t) - Y(t-1)$$

$$\text{Wachstumsrate} = \frac{\Delta Y}{Y} = \frac{Y(t) - Y(t-1)}{Y(t-1)}$$

(3) Bei einer **kontinuierlichen** Zeitbetrachtung (diese ist im weiteren Verlauf des Buches vorherrschend) wird die **Wachstumsrate** als Zeitpunktbetrachtung oder

Momentbetrachtung erfasst (Unterschied: oben haben wir eine zeitdiskrete Betrachtung, d.h. das Wachstum wird definiert als Differenz der Vorperiode t–1 bis zur Periode t, die kontinuierliche Betrachtung ist zeitstetig, d.h. es wird ein extrem kleiner Zeitabstand (Ableitung nach t) betrachtet). Beginnen bei dieser Erklärung mit der formalen Darstellung, diesmal am Beispiel des Wachstums der Arbeitskräfte (oder Bevölkerung) L:

$$\text{Wachstumsrate} = \frac{\dot{L}}{L} = \frac{\frac{dL}{dt}}{L}$$

Die Wachstumsrate ist das Verhältnis der nach der Zeit abgeleiteten Arbeit und der Höhe der Arbeit im Ausgangszeitpunkt. Die Ableitung der Arbeit nach der Zeit t ist die momentane Veränderung des Arbeitskräftepotentials (wie eine normale Ableitung aus der Differentialrechnung hochgerechnet auf eine Einheit). Zeitableitungen werden vereinfacht mit einem Punkt über der abgeleiteten Größe dargestellt.

(4) Das Rechnen mit Wachstumsraten entspricht den Rechenregeln für logarithmische Größen (aus "hoch" in Originalgröße wird beim Rechnen in Wachstumsraten "mal", aus "mal" wird "plus" und aus "geteilt" wird "minus").

a) Gilt beispielsweise $A = B \cdot C$, dann gilt für die Wachstumsraten dieser 3 Größen der Zusammenhang $\frac{\dot{A}}{A} = \frac{\dot{B}}{B} + \frac{\dot{C}}{C}$.

b) Analog gilt bei der Division $A = B/C$ für die Wachstumsraten $\frac{\dot{A}}{A} = \frac{\dot{B}}{B} - \frac{\dot{C}}{C}$.

Begriffe zum Nachlesen

Produktionselastizität	Skalenerträge	Grenzproduktivität
Lohnquote	Kapitalquote	Konsumquote
Sparquote	Cobb-Douglas-Produktionsfunktion	

Wiederholungsfragen

3. Der Zinssatz in einer Volkswirtschaft (Cobb-Douglas-Produktionsfunktion) ist 15%. Der Kapitalkoeffizient ist 2. Wie lautet die Produktionsfunktion?

4. Die Produktionselastizität der Arbeit ist 0,6, der gleichgewichtige Kapitalkoeffizient ist 10. Wie hoch sind Zins und Kapitalquote?

B. Wachstumstheoretische Modelle

1. Neoklassische Wachstumstheorie ohne technischen Fortschritt (Solow-Modell)

In diesem Kapitel lernen Sie

- wie sich das Pro-Kopf-Einkommen unter neoklassischen Bedingungen langfristig zu einem stationären Zustand (Steady State) entwickelt und
- wodurch dieser stationäre Zustand gekennzeichnet ist.

1.1. Grundelemente des Modells

Der Grundaufbau des Solow-Modells ohne technischen Fortschritt ist relativ einfach:

- Das Realeinkommen Y wird mit Hilfe zweier Produktionsfaktoren, Arbeit L und Kapital K (Maschineneinsatz) erzeugt.
- Der technische Zusammenhang zwischen Einkommen und Einsatz der Produktionsfaktoren wird durch die oben vorgestellte gesamtwirtschaftlichen Cobb-Douglas-Produktionsfunktion beschrieben: $Y = L^{a} \cdot K^{1-a}$.
- Wir nehmen eine exogen gegebene Wachstumsrate der Bevölkerung an, die vereinfacht mit dem Wachstum der Arbeitsbevölkerung übereinstimmt.
- Ein konstanter Teil des Einkommens wird gespart (Sparquote, siehe oben), der Rest wird konsumiert.
- Weiterhin nehmen wir an, dass die gesamten Ersparnisse einer Periode investiert werden. Die Nettoinvestitionen (= Erweiterungsinvestitionen = Kapitalstockerhöhung) sind gleich den Ersparnissen einer Periode abzüglich der Abschreibung (= Ersatzinvestitionen). Wir nehmen eine konstante Abschreibungsrate an, diese wird als γ (griechisch: Gamma) bezeichnet. Formal ergibt sich als Nettoinvestition I einer Periode: $I = S - \gamma \cdot K$
- Wir nehmen auf allen Märkten flexible Preise und einen funktionierenden Marktmechanismus an. Diese typisch neoklassische Annahme ist langfristig sehr realistisch (Wachstumstheorie ist ja eine langfristige Betrachtung).

Damit sind die Grundelemente des Modells gegeben. Folglich gibt es zwei mögliche Ursachen der Einkommenserhöhung: (1) der Arbeitseinsatz (durch Bevölkerungswachstum) oder (2) der Kapitaleinsatz (durch Nettoinvestitionen) steigt.

Untersuchungsgegenstand im Folgenden ist (1.2.) die langfristige Entwicklung des Pro-Kopf-Einkommens in einen stationären Zustand (Steady State), (1.3.) die Beeinflussung von Änderungen endogener und exogener Variablen auf den stationären Zustand und abschließend (1.4.) suchen wir den gesamtwirtschaftlich langfristig optimalen Zustand.

1.2. Entwicklung zum stationären Zustand (Steady State)

Basis des Solow-Modells ist die bereits vorgestellte Cobb-Douglas-Produktionsfunktion $Y = L^{\alpha} \cdot K^{1-\alpha}$. Untersuchungsgegenstand ist zunächst die langfristige Entwicklung des Pro-Kopf-Einkommens in einen stationären Zustand (Gleichgewicht). Dieses Gleichgewicht ist ein dynamisches Gleichgewicht. Hierunter verstehen wir ein Gleichgewicht bei dem alle Größen mit einer konstanten Rate wachsen.

Zum besseren Verständnis haben wir die folgende Erklärung in acht einzelne Schritte gegliedert.

1. Schritt: Das Pro-Kopf-Einkommen (y) ergibt sich aus dem Gesamteinkommen bezogen auf den Arbeitseinsatz

$$y = \frac{Y}{L}.$$

Schreiben wir nun die Produktionsfunktion auch als Pro-Kopf-Funktion. Dazu dividieren wir die Produktion durch den Arbeitseinsatz L:

$$y = \frac{Y}{L} = \frac{L^{\alpha} \cdot K^{1-\alpha}}{L} = L^{\alpha-1} \cdot K^{1-\alpha} = \left(\frac{K}{L}\right)^{1-\alpha} \text{ (siehe Anmerkung [6])}$$

Die Relation $\frac{K}{L}$, der Maschinenbestand pro Kopf in der Volkswirtschaft, bezeichnet man als Kapitalintensität (im Folgenden immer k).

Wichtiges Zwischenergebnis: das Pro-Kopf-Einkommen ist eine Funktion der Kapitalintensität. *Konkret* ergibt sich bei Annahme der obigen Cobb-Douglas-Produktionsfunktion: $y = k^{1-\alpha}$ (da K/L = k). *Allgemein* ergibt sich eine Abhängigkeit des Pro-Kopf-Einkommens von der Kapitalintensität: $y = f(k)$.

[6] Wer an dieser Stelle Schwierigkeiten mit den Potenzrechenregeln hat, sollte zunächst diese wiederholen.

Beispiel

K = 160

L = 10

Produktionselastizität des Kapitals = 0,5

Frage: Wie hoch ist das Pro-Kopf-Einkommen?

Lösung

$$y = k^{0,5} = \left(\frac{160}{10}\right)^{0,5} = 4$$

Graphisch erhält man folgenden Zusammenhang zwischen Pro-Kopf-Einkommen und Kapitalintensität (Abbildung 2). Der degressive Verlauf der Funktion ergibt sich zwingend aus der abnehmenden Grenzproduktivität des Kapitals.

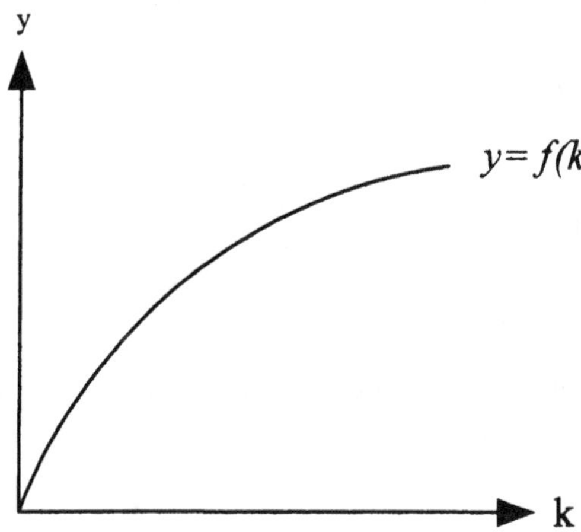

Abbildung 2: Pro-Kopf-Einkommen als Funktion der Kapitalintensität

Um herauszufinden, wie sich das Pro-Kopf-Einkommen entwickelt, ist zu untersuchen wie sich die Kapitalintensität langfristig entwickelt.

2. Schritt: Die Wachstumsrate der Kapitalintensität k = K/L ist logarithmisch folgendermaßen definiert: $\frac{\dot{k}}{k} = \frac{\dot{K}}{K} - \frac{\dot{L}}{L}$ (siehe Rechenregeln zur Wachstumstheorie im vorherigen Kapitel). Wie bestimmen sich nun die Wachstumsrate der Arbeitsbevölkerung L (3. Schritt) und des Kapitals K (4. Schritt)?

3. Schritt: Die Wachstumsrate der Arbeitsbevölkerung $\frac{\dot{L}}{L}$ ist exogen gegeben und konstant: $\frac{\dot{L}}{L} = g_L$ mit g_L = Wachstumsrate der Arbeitsbevölkerung (in unserem Modell gleich der Wachstumsrate der Gesamtbevölkerung).

4. Schritt: Die Kapitalbildung ist endogen, d.h. die Veränderung des Kapitalstocks in der Zeit entspricht den Nettoinvestitionen, der Differenz von Gesamtinvestitionen (Bruttoinvestitionen) und Abschreibung. Formal ergeben sich folgende Zusammenhänge:

- $S = s' \cdot Y$ als Gesamtinvestitionen (zur Erinnerung: wir nehmen an, dass die gesamten Ersparnisse auch langfristig investiert werden).
- $I = S - \gamma \cdot K$ als Nettoinvestitionen und da $\dot{K} = I$ folgt $\dot{K} = s' \cdot Y - \gamma \cdot K$ (die Nettoinvestitionen entsprechen der Veränderung des Kapitalstocks).

Beispiel:

S = 120

γ = 5% (Abschreibungsrate)

K = 1000 (Maschinen)

Frage:

a) Um wie viel erhöht sich absolut der Maschinenbestand (Kapitalstock) in dieser Periode ($\dot{K}$)?

b) Wie hoch ist die Wachstumsrate des Maschinenbestands (Kapitalstocks) ($\frac{\dot{K}}{K}$)?

Lösung:

a) 50 Maschinen müssen ersetzt werden (Abschreibung), aus den Ersparnissen werden 120 Maschinen finanziert, d.h. der Kapitalstock steigt um 70 Maschinen.

Formal: $\dot{K} = S - \gamma \cdot K = 120 - 0{,}05 \cdot 1.000 = 70$

b) $\frac{\dot{K}}{K} = \frac{70}{1.000} = 0{,}07$, der Maschinenbestand wächst in dieser Periode um 7%.

Variante: Zur Vereinfachung wird oftmals von einer Abschreibungsrate von 0% ausgegangen. In diesem Fall entsprechen die Nettoinvestitionen den Ersparnissen. Formal gilt in diesem Fall $\dot{K} = I$ da $I = S$ und $S = s' \cdot Y$. Daraus folgt $\dot{K} = s' \cdot Y$.

5. Schritt: Übertragen wir nun die Ergebnisse aus dem 3. und 4. Schritt (Erklärung für das Wachstum von L und K) in die Formel für die Wachstumsrate der Kapitalintensität des 2. Schrittes:

$$\frac{\dot{k}}{k} = \frac{\dot{K}}{K} - \frac{\dot{L}}{L} = \frac{s' \cdot Y - \gamma \cdot K}{K} - \frac{\dot{L}}{L}$$

Wir müssen im Folgenden einige mathematische Umformungen vornehmen, um genau zu sehen, wie sich die Kapitalintensität langfristig entwickelt.

Zunächst ersetzen wir $\frac{\dot{L}}{L} = g_L$ und trennen die Wachstumsrate des Kapitals in zwei Brüche, getrennt für Y und K:

$$\frac{\dot{k}}{k} = \frac{s' \cdot Y}{K} - \frac{\gamma \cdot K}{K} - g_L$$

Wir kürzen K aus dem 2. Bruch und setzen um die Abschreibungsrate und die Wachstumsrate der Arbeitsbevölkerung eine Klammer:

$$\frac{\dot{k}}{k} = \frac{s' \cdot Y}{K} - (\gamma + g_L)$$

Nun multiplizieren wir beide Seiten mit k:

$$\dot{k} = \frac{s' \cdot Y}{K} \cdot k - (\gamma + g_L) \cdot k$$

Auf der linken Seite haben wir k weggekürzt, beim ersten Term auf der rechten Seite ersetzen wir k durch den Quotienten K/L (und können so K kürzen), das k rechts lassen wir so stehen:

$$\dot{k} = \frac{s' \cdot Y}{K} \cdot \frac{K}{L} - (\gamma + g_L) \cdot k \quad \rightarrow \quad \dot{k} = \frac{s' \cdot Y}{L} - (\gamma + g_L) \cdot k$$

Da der Quotient Y/L dem Pro-Kopf-Einkommen y entspricht ersetzen wir $\frac{Y}{L} = y$:

$$\dot{k} = s' \cdot y - (\gamma + g_L) \cdot k$$

Da $y = f(k)$ (siehe 1.Schritt), ergibt sich als Ergebnis unserer Umformungen die folgende sogenannte **fundamentale Gleichung**:

$$\dot{k} = s' \cdot f(k) - (\gamma + g_L) \cdot k$$

6. Schritt: Unsere Ausgangsfrage war die nach der Entwicklung des Pro-Kopf-Einkommens y. Als Ergebnis haben wir eine Abhängigkeit von der Kapitalintensität k festgestellt. Daraufhin haben wir die Entwicklung der Kapitalintensität in der Zeit ($\dot{k}$) untersucht. Ergebnis war die fundamentale Gleichung. Wann ist nun die Veränderung der Kapitalintensität in der Zeit positiv, wann negativ und wann ist sie gleich null?

a) $\dot{k} > 0$ und $\frac{\dot{k}}{k} > 0$ wenn gilt $s' \cdot f(k) > (\gamma + g_L) \cdot k$

b) $\dot{k} = 0$ und $\frac{\dot{k}}{k} = 0$ wenn gilt $s' \cdot f(k) = (\gamma + g_L) \cdot k$

c) $\dot{k} < 0$ und $\frac{\dot{k}}{k} < 0$ wenn gilt $s' \cdot f(k) < (\gamma + g_L) \cdot k$

Wir sehen, die Entwicklung der Kapitalintensität in der Zeit ist abhängig vom Verhältnis der Ersparnisbildung pro Kopf $s' \cdot f(k)$ zur Summe aus Abschreibungsrate und Wachstumsrate der Arbeitsbevölkerung multipliziert mit der Kapitalintensität $(\gamma + g_L) \cdot k$.

7. Schritt: Schauen wir uns diese Ergebnisse nun graphisch an (Abbildung 3).

Die Funktion des Pro-Kopf-Einkommens entnehmen wir aus Abbildung 2. Da γ und g_L exogen und konstant sind, ist der Ausdruck $(\gamma + g_L) \cdot k$ eine Grade. Diese ist umso steiler, je größer die Summe aus γ und g_L. Die Kurve $s' \cdot f(k)$ zeigt den Verlauf der Pro-Kopf-Ersparnis, bei konstanter Sparquote verläuft diese proportional unterhalb der Funktion des Pro-Kopf-Einkommens. Nun können wir die 3 Fälle (a – c) aus dem 6. Schritt leicht identifizieren:

b) Im Schnittpunkt der Graden mit der Funktion der Pro-Kopf-Ersparnis ist die Entwicklung der Kapitalintensität in der Zeit ($\dot{k}$) gleich null (k*), da $s' \cdot f(k) = (\gamma + g_L) \cdot k$

c) rechts davon ist $(\gamma + g_L) \cdot k > s' \cdot f(k)$ und

a) links davon ist $(\gamma + g_L) \cdot k < s' \cdot f(k)$.

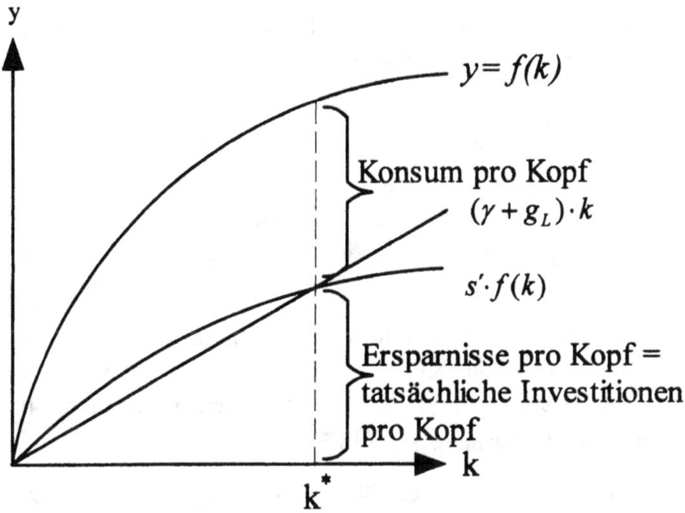

Abbildung 3: Graphische Darstellung der fundamentalen Gleichung

8. Schritt: Entwickelt sich die Kapitalintensität in der Zeit auf einen Gleichgewichtspunkt hin? Falls ja, wovon hängt diese Entwicklung ab und zu welchem Punkt entwickelt sie sich?

Nehmen wir dazu an, die Kapitalintensität entspricht k_1 in Abbildung 4. Dies entspricht Fall a), d.h. $(\gamma + g_L)\cdot k < s'\cdot f(k)$.

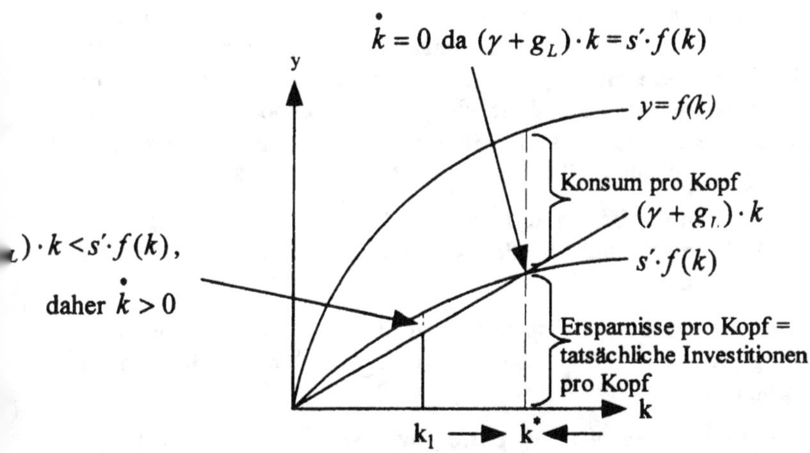

Abbildung 4: Entwicklung zum Steady State

Da mehr gespart und damit investiert wird als zum Ersatz der abgenutzten Anlagen (Ersatzinvestitionen) pro Kopf $\gamma \cdot k$ und zur Kapitalausstattung der hinzugekommenen Arbeitsbevölkerung (auch wieder pro Kopf = $g_L \cdot k$) benötigt wird, steigt die Kapitalintensität absolut und damit auch die Wachstumsrate der Kapitalintensität ist positiv: $\dot{k} > 0$ und $\frac{\dot{k}}{k} > 0$. Die Kapitalintensität k_1 hat keinen Bestand und entwickelt sich in Richtung k*. Je mehr wir uns k* nähern, desto geringer wird die Wachstumsrate der Kapitalintensität und desto geringer wird die Differenz von $s' \cdot f(k)$ und $(\gamma + g_L) \cdot k$ bis die Wachstumsrate der Kapitalintensität in k* wieder gleich null ist.

Rechnerisch ergibt sich dies, weil die Veränderung der Kapitalintensität einen proportionalen Einfluss auf die Summe von Abschreibungsrate und Wachstumsrate der Arbeitsbevölkerung $(\gamma + g_L) \cdot k$ hat und einen unterproportionalen Einfluss auf den Anstieg der Ersparnisse $s' \cdot f(k)$ hat.

Abschließend noch einmal eine ausführliche *ökonomische* Erklärung. Nehmen wir zunächst einmal vereinfachend an, dass die Wachstumsrate der Arbeitsbevölkerung g_L gleich null ist. Ausgehend von k_1 steigt die Kapitalintensität an, da die Pro-Kopf-Ersparnisbildung (diese entspricht den Gesamtinvestitionen) den Bedarf an Ersatzinvestitionen (Abschreibungsrate mal Kapitalbestand pro Kopf) übersteigt, um die Kapitalintensität in Höhe k_1 konstant zu halten. Positive Nettoinvestitionen bedeuten bei Bevölkerungswachstum von null logischerweise eine steigende Kapitalintensität (Maschinenbestand pro Kopf). Die Gerade $(\gamma + g_L) \cdot k$ lässt sich in diesem Zusammenhang als Bedarfsgerade des Kapitals verstehen, um die jeweilige Kapitalintensität konstant zu halten. Die Kurve $s' \cdot f(k)$ stellt das Kapitalangebot pro Kopf dar (zur Erinnerung: die gesamten Ersparnisse werden investiert). Der Kapitalbedarf steigt mit steigender Kapitalintensität proportional, das Kapitalangebot (die Ersparnisse pro Kopf) steigen mit steigender Kapitalintensität nur unterproportional. Die Ersparnisse pro Kopf steigen unterproportional, da das Pro-Kopf-Einkommen mit zunehmender Kapitalintensität nur unterproportional steigt. Dies wiederum steigt unterproportional, da die Grenzproduktivität unserer Produktionsfunktion abnimmt (Cobb-Douglas-Produktionsfunktion).

Rechts von k* übersteigt der Bedarf an Ersatzinvestitionen die zur Verfügung stehende Pro-Kopf-Ersparnisbildung, die Pro-Kopf-Kapitalausstattung und das Pro-Kopf-Einkommen sinken.

Bei k* entspricht das Angebot an Ersparnissen genau den Ersatzinvestitionen, die Kapitalausstattung pro Kopf und ebenso das Pro-Kopf-Einkommen bleiben logischerweise konstant.

Ist die *Wachstumsrate der Bevölkerung positiv,* wächst die Kapitalintensität (und damit auch das Pro-Kopf-Einkommen) nur dann, wenn die Ersparnisbildung (= Gesamtinvestitionen) größer ist als die Summe aus Ersatzinvestitionen und den Investitionen, die notwendig sind, um die wachsende Bevölkerung in gleichem

Maße mit Kapital auszustatten wie die schon aktive Arbeitsbevölkerung.

Tipp: Wiederholen Sie bitte diese acht Schritte noch einmal in Ruhe. Zum Verständnis der weiteren Abschnitte des Modells ist das Verständnis des gerade Erlernten unumgänglich. Werden Sie sich auch über die Zielsetzung von Abschnitt 1.2. noch einmal klar und rechnen Sie die Beispielaufgaben im Text durch.

1.3. Einfluss von Änderungen unterschiedlicher Größen

Zwingend entwickelt sich obiges Modell unter den Annahmen einer konstanten Sparquote, einer konstanten Wachstumsrate der Bevölkerung und einer konstanten Abschreibungsrate in den stationären Gleichgewichtszustand mit konstanter Kapitalintensität k* und konstantem Pro-Kopf-Einkommen y* (Steady State). Mit diesem Modell lässt sich eine dauerhaft positive Wachstumsrate des Pro-Kopf-Einkommen in einer Volkswirtschaft nicht erklären.

Trotzdem wollen wir uns im Folgenden, ausgehend vom stationären Zustand, die Wirkungen und Anpassungen von drei Größenänderungen anschauen. Dies ist einmal eine langfristige Erhöhung der Sparquote, zum anderen eine langfristige Erhöhung der Abschreibungsrate und abschließend ein langfristiger Anstieg der Wachstumsrate der Bevölkerung (= Anstieg der Arbeitsbevölkerung).

Erhöhung der Sparquote

Ausgehend vom Steady State betrachten wir nun eine langfristige Erhöhung der Sparquote. Wir nehmen zur Vereinfachung eine Wachstumsrate der Bevölkerung von null an, auf das Ergebnis des Anpassungsprozesses hat dies jedoch keinen Einfluss.

Steigt die Sparquote nun, ausgehend vom stationären Zustand, langfristig an, sind zunächst die Ersparnisse pro Kopf größer als der notwenige Kapitalbedarf um die alte Kapitalintensität konstant zu halten. Die Kapitalintensität steigt und damit verbunden steigt auch das Pro-Kopf-Einkommen, das hat wiederum einen verstärkenden positiven Effekt auf die Ersparnisbildung pro Kopf . Wohin führt diese Entwicklung? Positive Nettoinvestitionen bedeuten, wie gesagt, bei einem Bevölkerungswachstum von null eine steigende Kapitalintensität (Maschinenbestand pro Kopf) und damit auch einen Anstieg des Pro-Kopf-Einkommens. Die Ergebnisse im Übergang sind daher eine positive Wachstumsrate der Kapitalintensität, somit eine gestiegene Kapitalintensität, und eine positive Wachstumsrate des Pro-Kopf-Einkommens und dadurch selbstverständlich ein höheres Pro-Kopf-Einkommen.

Sind diese Ergebnisse von Dauer? Der Kapitalbedarf steigt mit steigender Kapitalintensität proportional; das Kapitalangebot (die Ersparnisse pro Kopf) steigt mit steigender Kapitalintensität jedoch nur unterproportional. Die Ersparnisse pro Kopf steigen unterproportional, da das Pro-Kopf-Einkommen mit zunehmender Kapitalintensität nur unterproportional steigt. Dies wiederum steigt unterproportional, da die Grenzproduktivität unserer Produktionsfunktion abnimmt (Cobb-Douglas-

Produktionsfunktion). Je mehr die Kapitalintensität steigt, desto geringer wird daher die Veränderung und Wachstumsrate der Kapitalintensität und desto geringer wird die Differenz von Kapitalangebot $s' \cdot f(k)$ und Kapitalbedarf $(\gamma + g_L) \cdot k$ bis die Wachstumsrate der Kapitalintensität im neuen Steady State wieder gleich null ist.

Als **dauerhaftes Ergebnis** können wir festhalten, dass die Wachstumsrate der Kapitalintensität und damit auch das Wachstum des Pro-Kopf-Einkommens gleich null sind. Im Übergang sind jedoch eine kurzzeitig positive Wachstumsrate der Kapitalintensität und des Pro-Kopf-Einkommens zu verzeichnen, daher befinden sich Kapitalintensität und Pro-Kopf-Einkommen später im Steady State auf einem höheren Niveau als vor dem Anstieg der Sparquote, wir sprechen daher von einem Niveaueffekt der Sparquote auf Kapitalintensität und Pro-Kopf-Einkommen.

Zur Wiederholung schauen wir uns diese Prozesse auch einmal **graphisch** an. In Abbildung 5 bezeichnen k^*_1 und y^*_1 die Kapitalintensität und das Pro-Kopf-Einkommen im Steady State vor dem Anstieg der Sparquote. Ein Anstieg der Sparquote s′ bedeutet eine Drehung der Funktion nach oben von $s_1' \cdot f(k)$ auf $s_2' \cdot f(k)$. Kapitalangebot (und damit die Investitionen) steigen nun bei zunächst konstantem Kapitalbedarf $(\gamma + g_L) \cdot k$. Es folgen nun die oben beschriebenen Anpassungsprozesse bis zum neuen Steady State, wiederum im Schnittpunkt von Kapitalbedarf und der nun neuen Kapitalangebotsfunktion mit der Kapitalintensität k^*_2. Das Wachstum des Pro-Kopf-Einkommen ist wiederum null, das Pro-Kopf-Einkommen hat aber nun ein insgesamt höheres Niveau (Anstieg von y^*_1 und y^*_2), abzulesen auf der Produktionsfunktion.

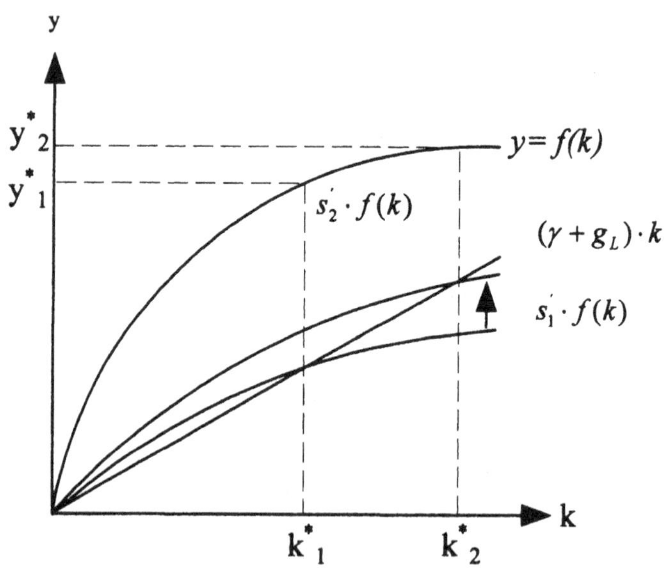

Abbildung 5: Langfristige Wirkung eines Anstiegs der Sparquote

Erhöhung der Abschreibungsrate

Wiederum ausgehend vom Steady State wollen wir nun die Wirkung einer langfristigen Erhöhung der Abschreibungsrate betrachten. Nehmen wir zur Vereinfachung wieder eine Wachstumsrate der Arbeitsbevölkerung von null an. Bei gestiegener Abschreibungsrate steigt der Kapitalbedarf zur Aufrechterhaltung der Kapitalintensität an und ist somit kurzzeitig größer als das Kapitalangebot (Wiederholen Sie bitte zum Verständnis den 4. Schritt oben). Dies hat negative Nettoinvestitionen zur Folge und daher, bei einem Bevölkerungswachstum von null, eine sinkende Kapitalintensität (Maschinenbestand pro Kopf) und damit auch ein sinkendes Pro-Kopf-Einkommen. Im Übergang haben Kapitalintensität und Pro-Kopf-Einkommen somit eine negative Wachstumsrate.

Ist dieses Ergebnis von Dauer? Der Kapitalbedarf sinkt mit sinkender Kapitalintensität proportional, das Kapitalangebot (die Ersparnisse pro Kopf) sinkt mit sinkender Kapitalintensität jedoch überproportional. Die Ersparnisse pro Kopf sinken überproportional, da das Pro-Kopf-Einkommen mit abnehmender Kapitalintensität überproportional sinkt. Ursache ist wiederum die abnehmende Grenzproduktivität unserer Produktionsfunktion (Cobb-Douglas-Produktionsfunktion). Je mehr die Kapitalintensität sinkt, desto geringer wird die Differenz von Kapitalangebot und Kapitalbedarf bis die Wachstumsrate der Kapitalintensität und damit auch des Pro-Kopf-Einkommen wieder gleich null sind.

Als **dauerhaftes Ergebnis** können wir festhalten, dass die Wachstumsrate der Kapitalintensität und damit auch das Wachstum des Pro-Kopf-Einkommens langfristig gleich null sind. Im Übergang sind jedoch eine kurzzeitig negative Wachstumsrate der Kapitalintensität und des Pro-Kopf-Einkommens zu verzeichnen, daher befinden sich Kapitalintensität und Pro-Kopf-Einkommen später im Steady State auf einem niedrigeren Niveau als vor dem Anstieg der Abschreibungsrate, wir sprechen daher von einem Niveaueffekt der Abschreibungsrate auf Kapitalintensität und Pro-Kopf-Einkommen.

Auch hier wieder zur Wiederholung eine **graphische** Betrachtung. In Abbildung 6 bezeichnet k^*_1 und y^*_1 die Kapitalintensität und das Pro-Kopf-Einkommen im Steady State vor dem Anstieg der Abschreibungsrate. Ein Anstieg der Abschreibungsrate γ bedeutet eine Drehung der Geraden nach oben von $(\gamma_1 + g_L) \cdot k$ auf $(\gamma_2 + g_L) \cdot k$. Es folgen nun die oben beschriebenen Anpassungsprozesse bis zum neuen Steady State, im Schnittpunkt der neuen Kapitalbedarfsfunktion und der Kapitalangebotsfunktion bei der Kapitalintensität k^*_2. Das Wachstum des Pro-Kopf-Einkommen ist wiederum null, das Pro-Kopf-Einkommen hat aber nun ein insgesamt niedrigeres Niveau (Rückgang von y^*_1und y^*_2), abzulesen auf der Produktionsfunktion.

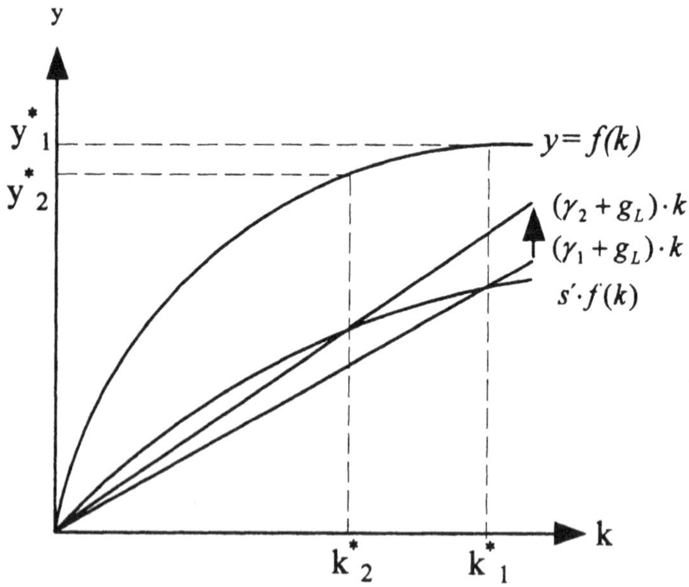

Abbildung 6: Langfristige Wirkung eines Anstiegs der Abschreibungsrate

Anstieg der Wachstumsrate der Bevölkerung

Der Fall eines langfristigen Anstiegs der Wachstumsrate der Bevölkerung ist analytisch identisch mit dem gerade beschriebenen Fall der angestiegenen Abschreibungsrate. Der Kapitalbedarf zur Aufrechterhaltung der Kapitalintensität nimmt bei steigender Arbeitsbevölkerung zu. Alle weiteren Prozesse laufen wie im vorherigen Abschnitt ab. Kapitalintensität und Pro-Kopf-Einkommen befinden sich dauerhaft auf einem absolut niedrigeren Niveau, die Wachstumsraten dieser Größen sind langfristig null.

1.4. Konsummaximum (Goldene Regel)

Rekapitulieren wir noch einmal die Ergebnisse des Solow-Modells ohne technischen Fortschritt. Die Wachstumsrate des Pro-Kopf-Einkommens ist langfristig gleich null, es gibt eine langfristig stabiles Gleichgewicht (Steady State), welches sich aus der Produktionsfunktion und aus den exogen bestimmten Größen Sparquote, Abschreibungsrate und Wachstumsrate der Bevölkerung bestimmt. Änderungen dieser Größen haben nur Niveaueffekte auf das Pro-Kopf-Einkommen zur Folge, die Wachstumsrate ist langfristig, wie gesagt, gleich null.

Es stellt es nun die Frage, welcher Zustand in dieser Volkswirtschaft für die Wirtschaftsteilnehmer langfristig optimal ist. Da die Wirtschaftsteilnehmer ausschließlich Nutzen aus dem Konsum ziehen, ist die Höhe des Pro-Kopf-Einkommens oder gar die Wachstumsrate des Pro-Kopf-Einkommens zur Beantwortung dieser Frage nicht weiter interessant. Wir suchen daher den Zustand mit dem höchsten Pro-Kopf-Konsum und bei welcher Sparquote dies der Fall ist. Das Ergebnis dieser Fragestellung wird im neoklassischen Modell die „Goldenen Regel" genannt.

Wir können uns des Problems graphisch und analytisch annehmen. Beginnen wir mit der **graphischen** Betrachtung. Schauen wir uns Abbildung 7 an. Betrachten wir zunächst den Steady State 1 (alle Größe mit Index 1). Aus der Sparquote s'_1 ergibt sich die Kapitalangebotsfunktion $s_1' \cdot f(k)$. Im Schnittpunkt mit der Kapitalbedarfsgrade finden wir unser langfristiges Gleichgewicht mit einer stabilen Kapitalintensität k_1 und einem stabilen Pro-Kopf-Einkommen y_1. Die Höhe der Pro-Kopf-Ersparnisse ist s_1, die Höhe des Pro-Kopf-Konsums c_1.

Vergleichen wir hiermit nun einen Steady State bei einer höheren Sparquote (s'_2). Wir sehen die Pro-Kopf-Ersparnis ist höher (s_2) und der Pro-Kopf-Konsum ist niedriger (c_2) unter den Ergebnissen im ersten Fall. D.h. in einem Steady State, der sich durch die Höhe der Sparquote ergibt, würden die Wirtschaftsteilnehmer nur rein zufällig den maximalen Pro-Kopf-Konsum verwirklichen.

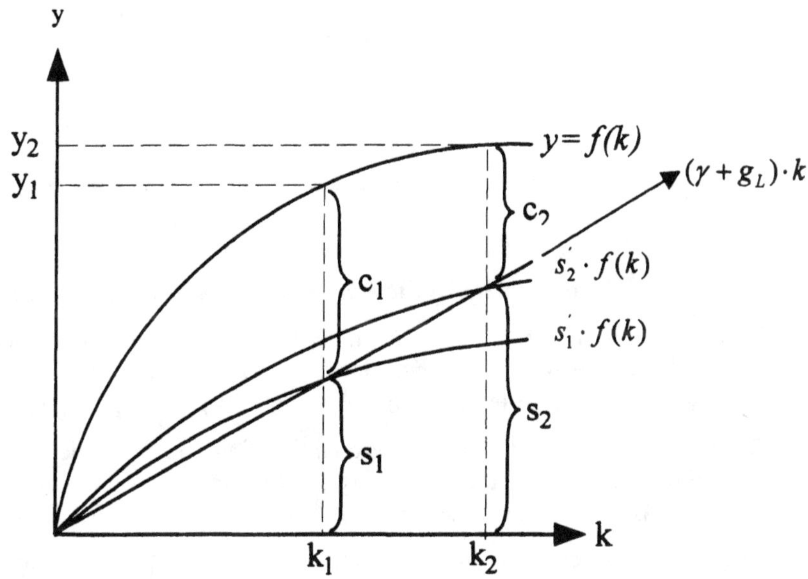

Abbildung 7: Vergleich des Pro-Kopf-Konsums unterschiedlicher Steady States

Bei welcher Kapitalintensität und bei welcher Sparquote befindet sich nun der maximale Pro-Kopf-Konsum? Graphisch finden wir diese bei der größten Differenz von Pro-Kopf-Produktionsfunktion und Kapitalbedarfsgrade der Fall. Zu jeder Sparquote gehört ja eine Kapitalangebotsfunktion. Ein Steady State ergibt sich immer bei der Kapitalintensität, bei der sich die Kapitalbedarfsgrade und die Kapitalangebotsfunktion schneiden. Die Kapitalintensität mit der größten Differenz (entspricht dem maximalen Pro-Kopf-Konsum) finden wir durch eine Parallelverschiebung der Kapitalbedarfsgraden nach oben bis sie die Produktionsfunktion tangiert (siehe Abbildung 8). Dieser Tangentialpunkt führt zum Pro-Kopf-Einkommen und zur Kapitalintensität bei maximalem Pro-Kopf-Konsum. Die Kapitalangebotsfunktion $s'_{\max} \cdot f(k)$ ist die Kapitalangebotsfunktion mit der, den Pro-Kopf-Konsum maximierenden Sparquote $s'_{\max}$.

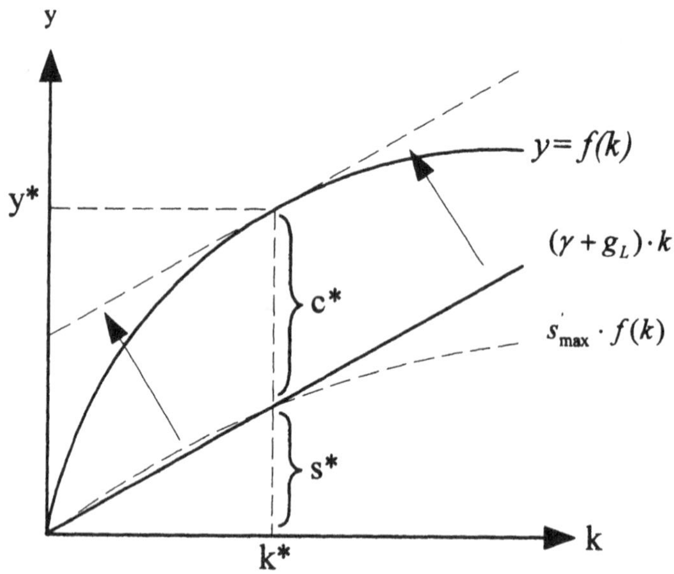

Abbildung 8: Steady State bei maximalem Pro-Kopf-Konsum

Da im Tangentialpunkt die Steigungen der Produktionsfunktion und der Kapitalbedarfsfunktion gleich sind, gilt bei einem maximalen Pro-Kopf-Konsum, dass die Ableitungen der beiden Funktionen gleich sind: $f'(k) = (\gamma + g_L)$.

Bei Annahme einer Cobb-Douglas-Produktionsfunktion ergibt sich zwingend, dass sowohl bei größeren als auch bei geringeren Sparquoten als der Sparquote $s'_{\max}$ der Pro-Kopf-Konsum geringer ist, als der Pro-Kopf-Konsum bei der Sparquote $s'_{\max}$.

Da ja die Grenzproduktivität des Kapitals dem Zinssatz (Bruttozins) entspricht, (genauso wie im Gewinnmaximum die Grenzproduktivität der Arbeit dem Lohnsatz) lässt sich als Ergebnis festhalten, dass wenn der Zinssatz (Bruttozins) der Summe aus Wachstumsrate der Bevölkerung und Abschreibungsrate entspricht, wir uns im langfristigen Konsummaximum befinden.

Kommen wir nun zur **analytischen** Betrachtung. Nehmen wir die Cobb-Douglas-Produktionsfunktion $Y = L^{\alpha} \cdot K^{1-\alpha}$ und die sich daraus ergebende Pro-Kopf-Funktion $y = k^{1-\alpha}$ an. Die Funktion des Pro-Kopf-Konsums lautet c = y – s und da in jedem Steady State $s' \cdot f(k) = (\gamma + g_L) \cdot k$ gilt, können wir dies in die Pro-Kopf-

Konsumfunktion einsetzen und es ergibt sich:

$$c = k^{1-\alpha} - (\gamma + g_L) \cdot k$$

Wir suchen nun die Kapitalintensität und die sich daraus ergebende Sparquote bei der der Pro-Kopf-Konsum maximiert ist. Hierzu müssen wir die Funktion nach k ableiten, gleich null setzen und nach k auflösen:

$$\frac{\partial c}{\partial k} = (1-\alpha) \cdot k^{-\alpha} - (\gamma + g_L) = 0 \text{ und}$$

$$(1-\alpha) \cdot k^{-\alpha} = (\gamma + g_L)$$

Der linke Teil der Gleichung entspricht f'(k), daher entspricht dies auch unserer graphischen Lösung (siehe oben). Lösen wir dies nun nach k auf. Zunächst teilen wir beiden Seiten durch (1 - α):

$$k^{-\alpha} = \frac{(\gamma + g_L)}{(1-\alpha)}$$

Nun potenzieren wir beide Seite mit -1/α:

$$k = \left(\frac{(\gamma + g_L)}{(1-\alpha)} \right)^{-\frac{1}{\alpha}}$$

Dies entspricht:

$$k = \left(\frac{(1-\alpha)}{(\gamma + g_L)} \right)^{\frac{1}{\alpha}}$$

Damit haben wir die Höhe der Kapitalintensität im Pro-Kopf-Konsum Maximum bestimmt. Wie hoch ist aber nun die Sparquote in diesem Steady State? Hierzu müssen wir uns zunächst die Bedingungen des Steady State näher anschauen. Im Steady State schneiden sich die Kapitalbedarfsgerade und die Kapitalangebotsfunktion, d.h.:

$$s' \cdot f(k) = (\gamma + g_L) \cdot k$$

Nun setzen wir die Pro-Kopf-Produktionsfunktion ein :

$$s' \cdot k^{1-\alpha} = (\gamma + g_L) \cdot k$$

Nun teilen wir beide Seiten durch $k^{1-\alpha}$:

$$s' = (\gamma + g_L) \cdot k^{\alpha}$$

Setzen wir nun die Pro-Kopf-Konsum maximale Kapitalintensität in die Sparquote des Steady State erhalten wir die Sparquote des Steady State bei maximalem Pro-

Kopf-Konsum:

$$s' = (\gamma + g_L) \cdot \left(\frac{(1-\alpha)}{(\gamma + g_L)} \right)^{\alpha \cdot \frac{1}{\alpha}}$$

Nach Kürzungen (der Exponent wird 1 und kürzen von $(\gamma + g_L)$ bleibt als Sparquote bei maximalem Pro-Kopf-Konsum:

$$s' = 1 - \alpha$$

Die Sparquote bei maximalem Pro-Kopf-Konsum entspricht somit der Produktionselastizität des Kapitals bzw. der Kapitalquote.

Ein langfristig maximales Konsumniveau, von dem wir annehmen, dass es der gesellschaftspolitischen Zielsetzung entspricht, wird im Falle einer Cobb-Douglas-Produktionsfunktion bei der Kapitalintensität erreicht, die sich bei einer Sparquote in Höhe der Produktionselastizität des Kapitals ergibt. Diese intertemporale Effizienz wird in der Literatur auch „Goldene Regel der Kapitalakkumulation genannt". Bei einer Sparquote oberhalb der Konsummaximalen führt eine Erhöhung der Sparquote zu einer Erhöhung der Kapitalintensität zu Lasten des Konsums. Liegt sie darunter, ist die Ausstattung des Faktors Arbeit mit Kapital zu gering um ein entsprechend hohes Pro-Kopf-Einkommen zu erreichen.

1.5. Abschließendes Beispiel zum Solow-Modell ohne technischen Fortschritt

Gegeben sind folgende Informationen:

Sparquote	$s' = 20\%$
Abschreibungsrate	$\gamma = 5\%$
Rate des Bevölkerungswachstums	$g_L = 3\%$
Produktionsfunktion	$Y = L^{0,5} \cdot K^{0,5}$

Fragen:

a) Bestimmen Sie die gleichgewichtige Kapitalintensität

b) Ist in diesem Steady State das Pro-Kopf-Konsum im Maximum realisiert?

c) Errechnen Sie die Kapitalintensität bei maximalem Pro-Kopf-Konsum. Bei welcher Sparquote wird diese Kapitalintensität erreicht?

zu a) Bei gegebener Sparquote und gegebener Abschreibungsrate und Wachstumsrate der Bevölkerung bestimmt sich die gleichgewichtige Kapitalintensität im Schnittpunkt der Kapitalbedarfsgerade und der Kapitalangebotsfunktion. In diesem

Schnittpunkt hat die Kapitalintensität eine Wachstumsrate von null (Steady State). Im Steady State gilt daher: $s' \cdot f(k) = (\gamma + g_L) \cdot k$

Wir müssen die Funktion des Pro-Kopf-Einkommens (y= f(k)) aus der Produktionsfunktion oben ermitteln, setzen die Zahlen aus dem Beispiel ein und lösen nach k auf. Hierzu dividieren wir die Produktion durch den Arbeitseinsatz L:

$$y = \frac{Y}{L} = \frac{L^{0,5} \cdot K^{0,5}}{L} = L^{-0,5} \cdot K^{0,5} = \left(\frac{K}{L}\right)^{0,5} = k^{0,5}$$

Nun können wir alle Informationen in die Gleichung oben einsetzen und nach k auflösen: $0,2 \cdot k^{0,5} = 0,08 \cdot k$ ergibt (beide Seiten durch 0,08 und $k^{0,5}$ teilen) $2,5 = k^{0,5}$ ergibt (beide Seiten quadrieren) **k = 6,25.**

zu b) Die Kapitalintensität bei maximalem Pro-Kopf-Konsum erreichen wir im Tangentialpunkt der Produktionsfunktion und der Kapitalbedarfsfunktion. Bei dieser Kapitalintensität sind die Steigungen der beiden Funktionen gleich, es gilt: $f'(k) = (\gamma + g_L)$. Setzen wir die Ergebnisse des Steady States aus a) ergibt sich $0,5 \cdot k^{-0,5} = 0,5 \cdot 6,25^{-0,5} = 0,2 > 0,08$, das Konsummaximum ist somit nicht realisiert.

zu c) Der maximale Pro-Kopf-Konsum ist bei der Kapitalintensität realisiert, bei der $f'(k) = (\gamma + g_L)$. Setzen wir die Ableitung und die Zahlen aus der Aufgabenstellung ein, ergibt sich: $0,5 \cdot k^{-0,5} = 0,08$. Nach k aufgelöst bekommen wir als Kapitalintensität im Konsummaximum **k = 39,0625.**

Nun müssen wir noch die Sparquote im Steady State bei dieser Kapitalintensität ausrechnen. Im Steady State gilt: $s' \cdot f(k) = (\gamma + g_L) \cdot k$, setzen wir alle Größen ein und lösen nach s′ auf ergibt sich: $s' \cdot 6,25 = 0,08 \cdot 39,0625$ bzw. s′= 0,5, bei einer Sparquote von 50% erreicht die Volkswirtschaft langfristig den höchsten Pro-Kopf-Konsum.

Begriffe zum Nachlesen

Kapitalintensität — Goldene Regel — Optimale Sparquote
Stationärer Zustand (Steady State) — Bevölkerungswachstumsrate
Wachstumsrate der Kapitalintensität

Wiederholungsfragen

5. Zeichnen Sie das Solow-Modell und bestimmen Sie graphisch den stationären Zustand.
6. Erläutern Sie den ökonomischen Hintergrund für den Verlauf der Pro-Kopf-Produktionsfunktion.

7. Zeigen Sie, dass der in 5. bestimmte stationäre Zustand stabil ist.

8. Analysieren Sie anhand der Graphik aus 1. alle relevanten Veränderungen, wenn die Bevölkerungswachstumsrate ansteigt.

9. **Nehmen Sie an, eine Volkswirtschaft lasse sich durch das Solow-Modell ohne technischen Fortschritt beschreiben. Aus dieser Volkswirtschaft sind folgende Daten bekannt: Sparquote= 0,2; Kapitalquote = 0,5; Wachstumsrate der Bevölkerung = 2%; Abschreibungsrate = 5%; die aktuelle Kapitalintensität beträgt 2,56.**

   a) Bestimmen Sie die Wachstumsrate der Kapitalintensität.

   b) Bestimmen Sie Kapitalintensität , Pro-Kopf-Einkommen und Pro-Kopf-Konsum im Steady State.

   c) Weisen Sie nach, dass sich die Volkswirtschaft (beim Ergebnis aus b) <u>nicht</u> im langfristigen Konsummaximum befindet.

   d) Welche Datenänderung ist erforderlich um das langfristige Konsummaximum zu erreichen ?

10. Was ist die Kapitalintensität? Wie ist die Lohnquote und wie die Kapitalquote definiert?

11. Stellen Sie die Pro-Kopf-Produktionsfunktion in Abhängigkeit von der Kapitalintensität graphisch dar. Wie kann man das Pro-Kopf-Einkommen, die Arbeitsproduktivität, den Realzins, die Grenzproduktivität der Arbeit, den realen Lohnsatz, das Faktorpreisverhältnis, die durchschnittliche Kapitalproduktivität und die Grenzproduktivität des Kapitals aus der Graphik ablesen? In welcher Beziehung steht (a) die positive Steigung und (b) die Krümmung von f(k) zu den Inada-Bedingungen?

12. Was ist unter der fundamentalen Gleichung der Kapitalakkumulation zu verstehen? Leiten Sie diese her und interpretieren Sie Ihre Aussage ausführlich verbal.

13. Erläutern Sie – ausgehend von einer geringen Kapitalintensität – die Anpassung an den langfristigen Steady State. Wie entwickelt sich die Wachstumsrate während der Anpassung an das Gleichgewicht? Welche Wachstumsrate des Pro-Kopf-Einkommens besteht im Gleichgewicht?

14. Welchen langfristigen Steady State Effekt auf Einkommensniveau und Einkommenswachstum hat eine Erhöhung der Sparquote?

15. Wie ist die Cobb-Douglas-Produktionsfunktion definiert? Bestimmen Sie Kapitalrendite und Kapitaleinkommensquote für den Fall der Cobb-Douglas-Produktionsfunktion. Welche Höhe weist die Sparquote und der Pro-Kopf-Konsum im Steady State bei Goldener Regel auf?

2. Intertemporale Effizienz auf Basis des Solow-Modells: Der Ramsey Ansatz

In diesem Kapitel lernen Sie

- Die Ermittlung der langfristig nutzenmaximalen Wachstumsrate mit Hilfe der Hamiltonfunktion kennen.

2.1. Das Problem der Goldenen Regel im Solow-Modell

Gerade haben wir im Solow-Modell ohne technischen Fortschritt den langfristigen maximalen Pro-Kopf-Konsum bestimmt. Zur Realisierung der Goldenen Regel gibt es jedoch keine systemimmanenten Kräfte. Befinden wir uns in einem Steady State mit einer zu hohen oder zu niedrigen Kapitalintensität wird die Kapitalintensität nicht realisiert. Durch eine wirtschaftspolitisch induzierte Änderung der Sparquote kann sich jedoch eine Volkswirtschaft dem maximalen Pro-Kopf-Konsum nähern. Diese wirtschaftspolitisch induzierte Erhöhung der Sparquote beispielsweise hat jedoch zunächst eine zeitlich begrenzten Rückgang des Pro-Kopf-Konsum zur Folge, wenn die Sparquote zu gering war. Dies können wir an Hand der folgenden Graphik genau sehen (Abbildung 9).

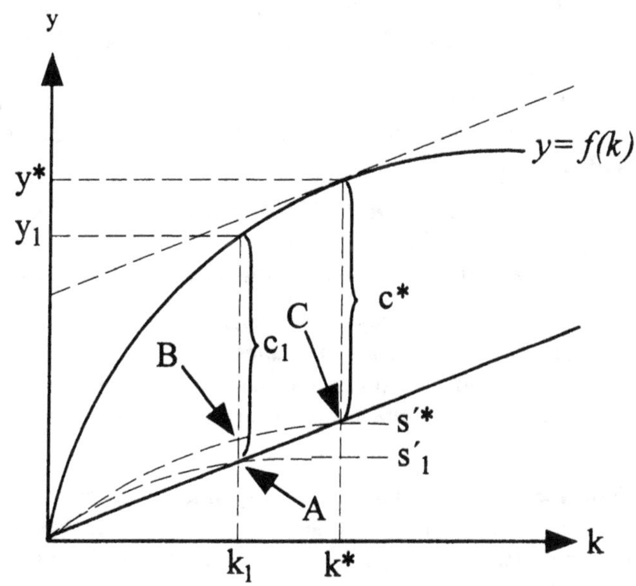

Abbildung 9: Anpassung zur konsummaximalen Kapitalintensität

Betrachten wir eine Ausgangssituation mit der Kapitalintensität k_1 in Abbildung 9, die sich bei der gesamtwirtschaftlichen Sparquote s_1' ergibt. Der Pro-Kopf-Konsum ist in diesem Fall c_1, das Pro-Kopf-Einkommen y_1. c_1 ist nicht der maximal mögliche Pro-Kopf-Konsum in dieser Volkswirtschaft, dieser würde sich bei der Sparquote s'^* und der Kapitalintensität k^* ergeben (zur Erinnerung: die Kapitalintensität mit dem maximalen Pro-Kopf-Konsum ergibt sich graphisch aus dem Tangentialpunkt der Produktionsfunktion und der parallel nach oben verschobenen Kapitalbedarfsgeraden). Nehmen wir nun an, die Regierung ergreift in dieser Situation Maßnahmen zur Erhöhung der Sparquote mit dem langfristigen Ziel, den maximalen Pro-Kopf-Konsum c^* zu erreichen. Sind diese Maßnahmen erfolgreich, d.h. steigt die Sparquote, sinkt zunächst der Pro-Kopf-Konsum (kurzfristige Bewegung von A nach B in Abbildung 9 oben, der Pro-Kopf-Konsum sinkt um die Strecke A – B). Durch die zukünftig höhere Ausstattung mit Kapital steigen Einkommen und Pro-Kopf-Konsum langfristig an und erreichen (wenn durch die wirtschaftpolitischen Maßnahmen genau die Sparquote s'^* erreicht wird) den maximalen Pro-Kopf-Konsum c^* (langfristige Bewegung von B nach C in Abbildung 9 oben).

Wir sehen, dass das Konsummaximum (hier bei Kapitalintensität k_2) erst nach einigen Perioden der Anpassung erreicht wird (vorausgesetzt, wir nehmen eine Ausgangssituation mit einer für das Konsummaximum zu niedrigen Sparquote an). Die Generation, die nun durch eine Erhöhung der Sparquote, für den langfristig maximale Pro-Kopf-Konsum sorgt, muss nicht unbedingt identisch mit der Generation sein, die von dem höheren Pro-Kopf-Konsum in Zukunft profitieren wird. Aus dieser Sicht kann das Ergebnis der Goldenen Regel suboptimal sein, die Nutzenminderung durch den Konsumverzicht der „Pioniergeneration“ sollte auf die eine oder andere Art berücksichtig werden. Wenn wir dies tun, ist nicht das langfristige Konsummaximum nach der Goldenen Regel optimal, sondern, wie wir sehen werden, die maximale Summe des Nutzens aus dem Konsum aller jemals lebenden Generationen. Wobei der Nutzen aus dem Konsum um so niedriger bewertet wird, je weiter er in der Zukunft liegt.

Wie können wir dies berücksichtigen? Wir führen eine subjektive Diskontrate θ (griechisch Teta) ein, die den Nutzen des Gegenwartskonsums bewertet. Hierbei gilt: je höher diese Diskontrate, desto höher wird der Gegenwartskonsum bewertet.

Im Folgenden werden wir dies analytisch integrieren und eine weitere „Goldene Regel“, die **Goldene Nutzenregel** als optimales Ergebnis erhalten. Das Ergebnis dieses Zusammenhangs und der folgenden analytischen Betrachtung wollen wir schon einmal vorwegnehmen. Zunächst zum Vergleich noch einmal die Goldene Regel:

- Die **Goldene Regel,** als Ergebnis der Konsummaximierung im Solow-Modell (ohne technischen Fortschritt) oben lautete: $f'(k) = g_L + \gamma$. Dies war die Kapitalintensität, bei der die Steigung der Pro-Kopf-Produktionsfunktion ($f'(k)$) gleich der Steigung der Kapitalbedarfsgeraden war ($g_L + \gamma$) (Abbildung 10).
- Unter Berücksichtigung einer unterschiedlichen Bewertung des Konsums zu unterschiedlichen Zeitpunkten (in der Regel wird Gegenwartskonsum höher als zukünftiger Konsum bewertet) erhalten wir die **Goldene Nutzenregel** (das Ergebnis der Analyse in Abschnitt 2.2.). Diese lautet: $f'(k) = g_L + \gamma + \theta$. Die nutzenmaximale Kapitalintensität ist die Kapitalintensität, bei der die Steigung der

Pro-Kopf-Produktionsfunktion gleich der Steigung der Kapitalbedarfsgerade + der subjektiven Diskontrate ist (Abbildung 10). *Achtung:* der Kapitalbedarf der Volkswirtschaft für jede Kapitalintensität ändert sich nicht, die Kapitalbedarfsgerade ist daher auch die gleiche wie oben. Die Einführung einer positiven subjektiven Diskontrate hat nur zur Folge, dass gegenwärtiger Konsum einen größeren Nutzen als zukünftiger Konsum hat. Dies drückt sich analytisch in der Erweiterung von $g_L + \gamma$ um θ aus, dies ist jedoch keine Änderung des Kapitalbedarfs. Im folgenden Abschnitt 2.2. werden wir die Herleitung der Goldenen Nutzenregel vornehmen.

An dieser Stelle wollen wir feststellen, dass, bei Annahme einer positiven Diskontrate (d.h. der Zukunftskonsum wird geringer als der Gegenwartskonsum bewertet), der Zinssatz im Optimum nach der Goldenen Nutzenregel höher ist (dieser entspricht ja im Konsummaximum bei der Goldenen Regel der Summe aus $g_L + \gamma$ bzw. bei der Goldenen Nutzenregel der Summe aus $g_L + \gamma + \theta$, wie wir noch sehen werden) als nach Goldenen Konsumregel. Zur Erinnerung: bei gewinnmaximierend handelnden Unternehmen entspricht die Faktorentlohnung (Zinssatz bzw. Lohnsatz) der jeweiligen Grenzproduktivität. Daraus folgt, dass die Kapitalintensität und damit auch das Pro-Kopf-Einkommen niedriger ist, trotz höherem Nutzen. Dies folgt aus der Abdiskontierung zukünftigen Nutzens.

Rechnen wir hierzu kurz ein **Beispiel.** Gegeben sind folgende Daten:

Pro-Kopf-Produktionsfunktion	$y = k^{1-\alpha}$
Bevölkerungswachstum	2%
Abschreibungsrate	4%
Subjektive Diskontrate	2%

Aufgabe ist die Bestimmung der Kapitalintensität, bei der

1. die Goldene Nutzenregel realisiert und

2. die Goldene Regel realisiert ist.

zu 1. Die Goldene Nutzenregel (das Ergebnis der Analyse in Abschnitt 2.2.) lautet: $f'(k) = g_L + \gamma + \theta$. Der Zinssatz muss **8%** sein, damit der langfristige nutzenmaximale Pro-Kopf-Konsum realisiert ist. Es gilt daher, wenn die Goldene Nutzenregel realisiert ist:

$$\frac{\partial y}{\partial k} = (\gamma + g_L + \theta)$$

Die erste Ableitung der Pro-Kopf-Produktionsfunktion lautet:

$$\frac{\partial y}{\partial k} = (1 - \alpha) \cdot k^{-\alpha}$$

Die Summe aus Abschreibungsrate, Bevölkerungswachstum und subjektiver Diskontrate ist 0,08. Daher brauchen wir nur die folgende Gleichung nach k aufzulösen, um die Kapitalintensität bei Realisation der Goldenen Nutzenregel zu ermitteln:

$$(1-\alpha)\cdot k^{-\alpha} = 0{,}08$$

Wir teilen beide Seiten durch 1-α und potenzieren beide Seiten mit 1/(-α) und erhalten die Kapitalintensität, bei der die Goldene Nutzenregel realisiert ist:

$$k^{*}_{Ramsey} = \left(\frac{0{,}08}{1-\alpha}\right)^{\frac{1}{-\alpha}} = \left(\frac{1-\alpha}{0{,}08}\right)^{\frac{1}{\alpha}}$$

zu 2. Die Goldene Regel lautet: $f'(k) = g_L + \gamma$. Der Zinssatz muss daher 6% sein, damit der langfristig maximale Pro-Kopf-Konsum realisiert ist. Es gilt, wenn die Goldene Regel realisiert ist:

$$\frac{\partial y}{\partial k} = (\gamma + g_L)$$

Die erste Ableitung der Pro-Kopf-Produktionsfunktion lautet wie oben:

$$\frac{\partial y}{\partial k} = (1-\alpha)\cdot k^{-\alpha}$$

Die Summe aus Abschreibungsrate und Bevölkerungswachstum ist 0,06. Daher lösen wir wiederum die folgende Gleichung nach k auf, um die Kapitalintensität bei Realisation der Goldenen Regel zu ermitteln:

$$(1-\alpha)\cdot k^{-\alpha} = 0{,}06$$

Wir teilen beide Seiten durch 1-α und potenzieren beide Seiten mit 1/(-α):

$$k^{*}_{Solow} = \left(\frac{0{,}06}{1-\alpha}\right)^{\frac{1}{-\alpha}} = \left(\frac{1-\alpha}{0{,}06}\right)^{\frac{1}{\alpha}}$$

An diesem Beispiel sehen wir, dass die Kapitalintensität bei einer positiven Diskontrate des Konsum immer geringer ist als ohne Annahme einer positiven Diskontrate. Unter der Annahme, dass $0 < \alpha < 1$ gilt daher auch immer $\mathbf{k^{*}_{Solow} > k^{*}_{Ramsey}}$.

Schauen wir uns dies abschließend noch einmal graphisch an (Abbildung 10). Wir haben gerade schon gesehen, dass bei einer positiven subjektiven Diskontrate die konsummaximale Kapitalintensität größer als die nutzenmaximale Kapitalintensität ist. Ökonomisch logisch ist auch, dass in diesem Fall (Gegenwartskonsum wird höher geschätzt als Zukunftskonsum) die Sparquote bei Annahme einer subjektiven Diskontrate geringer ist als ohne diese Diskontrate.

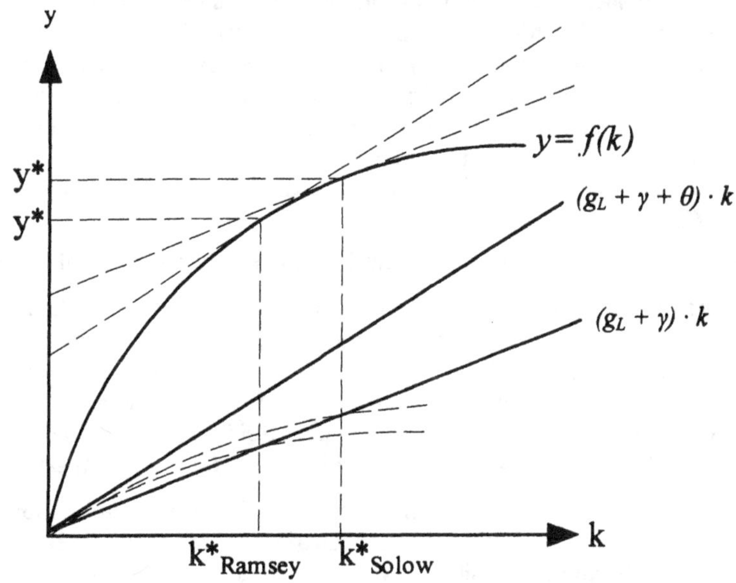

Abbildung 10: Vergleich Goldene Regel und Goldene Nutzenregel

Die nutzenmaximale Kapitalintensität finden wir nun über den Tangentialpunkt der Pro-Kopf-Produktionsfunktion und der parallel verschobenen Kapitalbedarfsgerade + θ (siehe Abbildung 10). Diese ist k^*_{Ramsey} oben in Abbildung 10. Wir sehen unser rechnerisches Ergebnis bestätigt: die nutzenmaximale Kapitalintensität (Ramsey) ist geringer als die konsummaximale Kapitalintensität (Solow), bei Annahme einer positiven subjektiven Diskontrate bezüglich des zukünftigen Konsums.

Schauen wir uns nun an, wie wir zu diesem analytischen Ergebnis kommen.

2.2. Analytische Ermittlung der Goldenen Nutzenregel

Wir haben oben schon festgestellt, dass im Pro-Kopf-Nutzenmaximum gilt:

$$f'(k) = g_L + \gamma + \theta$$

Den analytischen Nachweis können wir mit Hilfe der sogenannten Hamiltonfunktion erbringen. Die Hamiltonfunktion ist eine Methode der dynamischen oder intertemporalen Optimierung unter Nebenbedingungen und unendlichem Zeithorizont. Unterschied zur Lagrangefunktion ist die Berücksichtigung eben dieses Zeitaspektes, der ja in unserem Problem eine große Rolle spielt.

Die dynamische Optimierung mit Hilfe der Hamiltonfunktion geschieht nach festen Rechenregelen, ähnlich denen der Optimierung mit Hilfe der Lagrangefunktion (leider sind diese ein wenig mathematischer). Die Regeln wirken ein wenig willkürlich, folgen aber komplexen mathematischen Zusammenhängen, die man zur

Lösung und auch zum Verständnis unserer wachstumstheoretischen Probleme nicht kennen und verstehen muss. Beginnen wir kurz mit einer einfachen Systematik der Hamiltonfunktion (siehe Kasten) zur Lösung der Frage, die sich beim Ramsey Ansatz ergibt, Ermittlung der Kapitalintensität bei Realisierung der Goldenen Nutzenregel. Anschließend werden wir unser Problem, Ermittlung der Goldenen Nutzenregel mit einer konkreten Nutzenfunktion lösen.

Exkurs:

Systematik der dynamischen Optimierung mit Hilfe der Hamiltonfunktion

Die Anwendung der Hamiltonfunktion ist in zwei Arten möglich: dem Gegenwartswertverfahren (Abdiskontierung auf einen Zeitpunkt) und dem Momentanwertverfahren (ohne Abdiskontierung, Größen jeweils im Zeitpunkt). Das Gegenwartswertverfahren wird auch present-value-Verfahren genannt, das Momentanwertverfahren auch current-value-Verfahren. Beide Verfahren führen zum gleichen Ergebnis. **Im Folgenden beschreiben wir das Momentanwertverfahren.**

1. Schritt: Aufstellen der Hamiltonfunktion. Die Hamiltonfunktion besteht aus einer intertemporal zu optimierenden Funktion (in unserem Fall eine noch zu definierende Nutzenfunktion, die den zu maximierenden Pro-Kopf-Konsum beschreibt) und einer oder mehrerer Nebenbedingungen. Die Nebenbedingungen werden mit λ *(Lambda)*, dem Schattenpreis einer zusätzlichen Einheit des Kapitalstocks zu jedem Zeitpunkt, ausgedrückt in Einheiten des Nutzens zu jedem Zeitpunkt, multipliziert.

$$H = Nutzenfunktion + \lambda \cdot Nebenbedingung$$

2. Schritt: Feststellen der Optimalitätsbedingungen (Zum Vergleich: bei Optimierung mit Hilfe der Lagrangefunktion wurden die ersten partiellen Anleitungen gleich null gesetzt):

I. $\dfrac{\partial H}{\partial c} = 0$

II. $\dfrac{\partial H}{\partial k} = \theta \cdot \lambda - \dot{\lambda}$

III. $\dfrac{\partial H}{\partial \lambda} = \dot{k}$

Die Variable c (Pro-Kopf-Konsum) wird in diesem Zusammenhang auch Steuervariable oder Kontrollvariable genannt (weil sie gewählt werden kann), k (Kapitalintensität) auch Zustandsvariable (weil sie zu jedem Zeitpunkt historisch vorherbestimmt ist) und den Schattenpreis λ auch Kozustandsvariable. Zudem wissen wir, dass in jedem Steady State (für Modelle ohne technischen Fortschritt) gilt $\dot{k} = 0$ und $\dot{c} = 0$

3. Schritt: Ableiten der Hamiltonfunktion nach c, k und λ und gleichsetzen jeder Ableitung mit der jeweiligen Optimalitätsbedingung oben.

4. Schritt: Zur Ermittlung der Goldenen Nutzenregel setzt man die Ableitung nach c gleich ihrer Optimalitätsbedingung (I. oben), löst diese nach λ auf und leitet diese Gleichung dann in die Zeit ab.

5. Schritt: Dieses Ergebnis in die Ableitung nach k (Gleichung II) einsetzen und nach $\frac{\dot{c}}{c}$, der Wachstumsrate des Pro-Kopf-Konsums, auflösen. Nun setzen wir $\frac{\dot{c}}{c}$ gleich 0 (im Steady State gilt ja $\dot{c} = 0$) und lösen diese Gleichung nach r auf. Man erhält (im allgemeinen Fall): r = $g_L + \gamma + \theta$, was unserer fundamentalen Gleichung oben entspricht.

Beginnen wir nun mit der Lösung unseres Problems und setzen eine konkrete Nutzenfunktion ein und bestimmen die Nebenbedingung:

1. Schritt: Aufstellen der Hamiltonfunktion

$$H = Nutzenfunktion + \lambda \text{ (Lambda)} \cdot Nebenbedingung$$

Wie lauten nun Nutzenfunktion und Nebenbedingung?

Nutzenfunktion

Wir benötigen eine Nutzenfunktion, die den Pro-Kopf-Konsum aller jemals lebenden Generationen erfasst. Dieser Nutzen entsteht logischerweise in unendlichen vielen Zeitpunkten. Eine allgemeine Nutzenfunktion, die den Nutzen auf den gegenwärtigen Zeitpunkt abdiskontiert, ist die folgende: $U = \int_0^\infty u(c_t) \cdot e^{-\theta t} dt$.

Diese Funktion verdeutlicht, dass nur Pro-Kopf-Konsum Nutzen stiftet, den wir in dieser Funktion von allen jemals lebenden Generationen auf den gegenwärtigen Zeitpunkt abdiskontieren. Da wir mit dem Momentanwertverfahren arbeiten, können wir die Abdiskontierung rechnerisch vernachlässigen. Im Folgenden verwenden wir die eine konkrete Nutzenfunktion mit σ = (konstanter) Grenznutzenelastizität:

$$u(c_t) = \frac{c^{1-\sigma} - 1}{1 - \sigma}$$

Nebenbedingung

Der nutzenmaximale Pro-Kopf-Konsum wird beschränkt durch das Pro-Kopf-Einkommen, bzw. durch die Entstehung des Pro-Kopf-Einkommens und damit durch die Veränderung der Kapitalintensität. Die Nebenbedingung ist unsere fundamentale Gleichung (alles ohne technischen Fortschritt) aus dem Solow-Modell und lautet:

$$\dot{k} = s' \cdot f(k) - (\gamma + g_L) \cdot k$$

Da wir in der Nutzenfunktion den Konsum als Größe integriert haben, müssen wir die Sparquote aus der Nebenbedingung eliminieren. Da s′ die Sparquote ist, d.h. der Prozentsatz der vom Einkommen gespart wird, ist $s' \cdot f(k)$ dann die absolute Pro-Kopf-Ersparnis. Die Pro-Kopf-Ersparnis können wir auch als Differenz von Pro-Kopf-Einkommen und Pro-Kopf-Konsum schreiben, d.h. $s' \cdot f(k) = f(k) - c$. Dies setzen wir in die Gleichung oben ein und erhalten:

$$\dot{k} = f(k) - c - (\gamma + g_L) \cdot k$$

Das Pro-Kopf-Einkommen wiederum entspricht der Summe aus realem Lohnsatz w (= Pro-Kopf-Arbeitseinkommen) und Zinseinkommen · Kapitalintensität (= r · k = Pro-Kopf-Kapitaleinkommen)[7]. Setzen wir dies in die Nebenbedingung ein, ergibt sich:

$$\dot{k} = w + r \cdot k - c - (\gamma + g_L) \cdot k = w - c + (r - \gamma - g_L) \cdot k$$

Damit ist die **Hamiltonfunktion** für unser Problem bestimmt:

$$H = \frac{c^{1-\sigma} - 1}{1 - \sigma} + \lambda \cdot [w - c + (r - \gamma - g_L) \cdot k]$$

[7] Zur Erinnerung: Das Einkommen einer Volkswirtschaft setzt sich aus Lohneinkommen (Lohnsatz · Arbeitseinsatz = w · L) und Kapitaleinkommen (Zinssatz · Kapitaleinsatz = r · K) zusammen. Formal: Y = w · L + r · K. Bei einer Cobb-Douglas-Produktionsfunktion und unter Annahme von vollständiger Konkurrenz gilt daher: $Y = \frac{\partial Y}{\partial L} \cdot L + \frac{\partial Y}{\partial K} \cdot K$. Bei einer Pro-Kopf-Betrachtung dividieren wir beide Seiten durch den Arbeitseinsatz L, d.h. $\frac{Y}{L} = \frac{\partial Y}{\partial L} \cdot \frac{L}{L} + \frac{\partial Y}{\partial K} \cdot \frac{K}{L}$ bzw. $y = \frac{\partial Y}{\partial L} + \frac{\partial Y}{\partial K} \cdot k$. Da der Lohnsatz $w = \frac{\partial Y}{\partial L}$ und der Zinssatz $r = \frac{\partial Y}{\partial K}$ unter Annahme der vollständigen Konkurrenz ist, ergibt sich als Pro-Kopf-Einkommen die Summe aus Lohnsatz und Zinssatz ·Kapitalintensität (= Kapitaleinsatz pro Kopf).

2. Schritt: Bestimmung der Optimalitätsbedingungen (im Momentanwertverfahren)

Diese sind gegeben und können hier nicht weiter diskutiert werden.

$$\frac{\partial H}{\partial c} = 0$$

$$\frac{\partial H}{\partial k} = \theta \cdot \lambda - \dot{\lambda}$$

$$\frac{\partial H}{\partial \lambda} = \dot{k}$$

(zur Lösung des Problems wird die letzte Gleichung eigentlich nicht benötigt)

3. Schritt: Bildung der partiellen Ableitungen

Nun leiten wir die Hamiltonfunktion nach c, k und λ ab und setzen die Ableitungen gleich den Optimalitätsbedingungen

$$H = \frac{c^{1-\sigma} - 1}{1-\sigma} + \lambda \cdot [w - c + (r - \gamma - g_L) \cdot k]$$

I. $$\frac{\partial H}{\partial c} = \frac{(1-\sigma) \cdot c^{-\sigma}}{1-\sigma} - \lambda = 0$$

II. $$\frac{\partial H}{\partial k} = \lambda \cdot (r - \gamma - g_L) = \theta \cdot \lambda - \dot{\lambda}$$

III. $$\frac{\partial H}{\partial \lambda} = w - c + (r - \gamma - g_L) \cdot k = \dot{k}$$

4. Schritt

Wir lösen die Gleichung I nach λ auf:

$$\lambda = \frac{(1-\sigma) \cdot c^{-\sigma}}{1-\sigma}.$$

Wir können um 1-σ kürzen, dies ergibt $\lambda = c^{-\sigma}$. Nun leiten wir diese Gleichung in die Zeit ab:

$$\frac{d\lambda}{dt} = \dot{\lambda}$$

Bei Anwendung der Kettenregel ergibt sich die Ableitung aus dem Produkt von äußerer und innerer Ableitung:

Äußere Ableitung $= -\sigma \cdot c^{-\sigma-1}$

Innere Ableitung $= \dot{c}$

Dies ergibt $\dot{\lambda} = -\sigma \cdot c^{-\sigma-1} \cdot \dot{c}$

5. Schritt

Das Ergebnis aus dem 4.Schritt setzen wir nun in Gleichung II ein und lösen dies nach $\frac{\dot{c}}{c}$ auf.

Gleichung II müssen wir zunächst ein wenig umformen:

$$r - \gamma - g_L - \theta = -\frac{\dot{\lambda}}{\lambda}$$

Nun setzen wir die Gleichungen für λ und $\dot{\lambda}$ aus dem 1.Schritt ein und erhalten:

$$r - \gamma - g_L - \theta = -\frac{-\sigma \cdot c^{-\sigma-1} \cdot \dot{c}}{c^{-\sigma}}$$

Wir kürzen $c^{-\sigma}$ und erhalten:

$$r - \gamma - g_L - \theta = \sigma \cdot c^{-1} \cdot \dot{c}$$

Dies entspricht:

$$\frac{\dot{c}}{c} = \frac{r - \gamma - g_L - \theta}{\sigma}$$

Da ja im Steady State $\frac{\dot{c}}{c} = 0$ (da $\dot{c} = 0$) erhalten wir unser schon vorweggenommenes Ergebnis aus dem vorherigen Abschnitt (σ fällt durch Multiplikation auf beiden Seiten weg):

$$r = \gamma + g_L + \theta$$

Ergebnis

Bei Realisierung der Goldenen Nutzenregel gilt daher, dass der Zinssatz (Bruttozinssatz) der Summe aus Abschreibungsrate, Rate des Bevölkerungswachstums und subjektiver Diskontrate ist. Genau dann realisieren die Wirtschaftsteilnehmer den nutzenmaximaler Pro-Kopf-Konsum.

2.3. Abschließendes Beispiel zum Ramsay Ansatz im Solow-Modell

Folgende Daten sind gegeben:

- Kapitalquote 0,5
- Konsumquote 0,75
- Kapitalkoeffizient 4
- Die Goldene Nutzenregel ist realisiert
- Die Wachstumsrate der Bevölkerung und die Abschreibungsrate sind > 0

Frage: Bestimmen Sie den Wert der subjektiven Diskontrate.

Lösung:

1. Wir wissen, dass die Kapitalquote dem Produkt aus Grenzproduktivität des Kapitals und Kapitalkoeffizient entspricht:

$$0{,}5 = \frac{\partial Y}{\partial K} \cdot \frac{K}{Y}$$

2. Da K/Y = 4, ist die Grenzproduktivität des Kapitals $\frac{\partial Y}{\partial K} = 0{,}125$.

3. Die Pro-Kopf-Produktionsfunktion lautet allgemein: $y = k^{1-\alpha}$. Da 1-α der Kapitalquote entspricht, lautet die Pro-Kopf-Produktionsfunktion für unser Beispiel $y = k^{0,5}$. Die Grenzproduktivität ist die 1.Ableitung der Produktionsfunktion, die identisch mit der 1.Ableitung der Pro-Kopf-Produktionsfunktion ist (siehe 1.Schritt in Abschnitt 1.2). Daher gilt:

$$f'(k) = 0{,}5 \cdot k^{-0,5} = 0{,}125$$

Aufgelöst ergibt dies k = 16.

4. Im maximalen Pro-Kopf-Nutzen gilt: $f'(k) = g_L + \gamma + \theta$. Gleichzeitig wissen wir, die Volkswirtschaft befindet sich in einem Steady State, d.h. $\dot{k} = 0$, was wiederum bedeutet, dass $s' \cdot f(k) = (\gamma + g_L) \cdot k$. Setzen wir die Sparquote, die Pro-Kopf-Produktionsfunktion und die Kapitalintensität ein, ergibt sich $\gamma + g_L = 0{,}0625$.

5. Die Goldene Nutzenregel (die ja realisiert ist, siehe Aufgabenstellung) lautet: $f'(k) = g_L + \gamma + \theta$, die 1.Ableitung der Pro-Kopf-Produktionsfunktion ist $f'(k) = 0{,}125$ und es gilt $\gamma + g_L = 0{,}0625$. Beides eingesetzt, ergibt eine subjektive Diskontrate von **θ = 6,25%**

Begriffe zum Nachlesen

Subjektive Diskontrate   Hamiltonfunktion   Goldene Nutzenregel

Wiederholungsfragen

16. Vergleichen Sie die Ergebnisse, die sich langfristig im Steady State bei intertemporaler Optimierung ergeben, mit denjenigen, die aus der Goldener Regel resultieren.

17. Formulieren Sie die Goldene Nutzenregel für eine Situation mit technischem Fortschritt.

18. Bestimmen Sie graphisch die Kapitalintensität, bei der die Goldene Nutzenregel realisiert ist.

19. Bestimmen Sie analytisch die Kapitalintensität, bei der die Goldene Nutzenregel realisiert ist.

20. Zeigen Sie, dass die Kapitalintensität bei Befolgung der Goldenen Nutzenregel (und positiver subjektiver Diskont- bzw. Zeitpräferenzrate) immer kleiner ist als die entsprechende Kapitalintensität nach der Goldenen Regel

21. **Angenommen: Eine Volkswirtschaft lässt sich durch das Solow- Modell ohne technischen Fortschritt beschreiben. Die Volkswirtschaft befindet sich im Steady State. Die Produktionsfunktion lautet: $Y = L^{(1-\alpha)} K^{\alpha}$. Der Anteil des Arbeitseinkommens am Gesamteinkommen (Lohnquote) beträgt 50%. Die Sparquote hat einen Wert von 0,2; die Abschreibungsrate beträgt 0,04 und das Arbeitsangebot ist normiert auf 1 (die Wachstumsrate der Bevölkerung beträgt null).**

    a) Bestimmen Sie die Größe des Kapitalstocks und den markträumenden Lohn im Steady State.

    b) Nehmen Sie abweichend von dem bisherigen Kontext an, dass die obige Volkswirtschaft sich im langfristigen Nutzenmaximum entsprechend der „Goldenen Nutzenregel“ befindet (kein technischer Fortschritt). In diesem Steady State verändern sich die Präferenzen insofern, als dass der Wert der subjektiven Diskontrate um 2 % sinkt. Wie muss sich die Grenzproduktivität des Kapitals bzw. der Bruttozins verändern, damit ein neuer Steady State realisiert wird, indem die „Goldenen Nutzenregel“ erfüllt ist? Muss die Sparquote hierzu erhöht oder gesenkt werden ?

3. Neoklassische Wachstumstheorie mit technischem Fortschritt (Solow-Modell)

In diesem Kapitel lernen Sie

- wie sich das Pro-Kopf-Einkommen unter neoklassischen Bedingungen mit technischem Fortschritt langfristig zu einem stationären Zustand (Steady State) entwickelt und
- wodurch dieser stationäre Zustand gekennzeichnet ist.

3.1. Grundelemente des Modells

Wir wollen das bisher betrachtete Solow-Modell um den technischen Fortschritt erweitern. Beschäftigen wir uns zunächst mit dem Begriff und den Formen des technischen Fortschritts, anschließend werden wir kurz die Grundelemente des Modells wiederholen, die bis auf die Produktionsfunktion, die sich durch die Einführung des technischen Fortschritts ändert, gleich denen im Modell oben sind.

Technischer Fortschritt

Im Zeitablauf ändert sich in unserer realen Welt der Stand des technischen Wissens regelmäßig, d.h. es liegt technischer Fortschritt vor. Es lassen sich neue Produkte herstellen und es werden effizientere Produktionsverfahren entwickelt, die mit Hilfe verbesserter Technologie oder Arbeitsabläufe mit gleichem Einsatz von Produktionsfaktoren einen höheren Output erzielen. Wir wollen im Folgenden technischen Fortschritt definieren „als eine Erweiterung des technisch-organisatorischen Wissens, die eine Erhöhung des Outputs erlaubt, ohne dass der Einsatz der Produktionsfaktoren erhöht werden muss". Im Rahmen dieser Definition wirkt technischer Fortschritt quasi faktorvermehrend.

Genau so integriert die Wachstumstheorie technischen Fortschritt in die Modelle, der ja zunächst quantitativ schwer oder kaum erfassbar ist (über Menschen und Maschinen wirkt technischer Fortschritt ja praktisch auch auf den Output). In diesem Sinne (technischen Fortschritt als quasi faktorvermehrend zu betrachten) können wir drei Wirkungen des technischen Fortschritts unterscheiden:

- Der technische Fortschritt wirkt rein **arbeitsvermehrend** (Harrod neutraler technischer Fortschritt), d.h. er wirkt in der Art, dass in der Volkswirtschaft nun mit mehr Arbeitskräften und gleichem Kapitaleinsatz produziert wird. **Achtung**: Der Begriff arbeits"vermehrend" beschreibt ausschließlich die Wirkung auf den Output. Der Begriff ist daher ein wenig verwirrend, es wird in Zukunft nicht mit mehr Arbeitskräften produziert, der Output erhöht sich nur, als wäre dies der Fall. Das gleiche Sozialprodukt kann jetzt sogar mit weniger Arbeitskräften produziert werden[8].

[8] In der Literatur wird neben dem Ausdruck arbeitsvermehrend der Ausdruck arbeitssparend verwendet. Beides meint das gleiche, insofern, dass mit gleichem Arbeitseinsatz

- Der technische Fortschritt wirkt rein **kapitalvermehrend** (Solow neutraler technischer Fortschritt), d.h. er wirkt in der Art, dass in der Volkswirtschaft nun mit mehr Kapitaleinsatz und gleichem Arbeitskräfteeinsatz produziert wird.
- Der technische Fortschritt wirkt sowohl **arbeits- als auch kapitalvermehrend** (Hicks neutraler technischer Fortschritt), d.h. er wirkt in der Art, dass in der Volkswirtschaft nun mit mehr Arbeitskräften und größerem Kapitaleinsatz produziert wird.

Bei allen drei Konzepten ändert sich die Produktionsfunktion auf eine andere Art und Weise. Wir gehen in unseren Modellen ausschließlich von Harrod neutralem technischen Fortschritt aus, d.h. technischer Fortschritt wirkt rein arbeitsvermehrend. Die Produktionsfunktion wird nun um den rein arbeitsvermehrenden technischen Fortschritt erweitert (A), diese lautet dann allgemein $Y = f(L \cdot A, K)$ und für den speziellen Fall unserer Cobb-Douglas-Produktionsfunktion $Y = (L \cdot A)^{\alpha} \cdot K^{1-\alpha}$.

Weiterhin kann man technischen Fortschritt noch dahin gehend unterscheiden, ob dessen Höhe exogen bestimmt wird (er sozusagen wie Manna vom Himmel fällt) oder das Ergebnis der wirtschaftlichen Entwicklung ist (er also endogen durch die Wirtschaftsergebnisse selbst bestimmt wird). Wir gehen im Folgenden ausschließlich von einer exogenen und konstanten Rate des technischen Fortschritts aus.

Grundelemente

Nun weiter im Modell und noch einmal zur Erinnerung die Grundelemente mit neuer Produktionsfunktion:

- Das Realeinkommen Y wird mit Hilfe zweier Produktionsfaktoren, Arbeit L und Kapital K (Maschineneinsatz) erzeugt.
- Wir nehmen regelmäßigen technischen Fortschritt an.
- Der technische Zusammenhang zwischen Einkommen und Einsatz der Produktionsfaktoren und exogenem technischen Fortschritt wird durch die oben vorgestellte gesamtwirtschaftlichen Cobb-Douglas-Produktionsfunktion beschrieben: $Y = (L \cdot A)^{\alpha} \cdot K^{1-\alpha}$.
- Der technische Fortschritt hat im Steady State keinen direkten Einfluss auf den Zinssatz.
- Wir nehmen eine exogen gegebene Wachstumsrate der Bevölkerung an, die vereinfacht mit dem Wachstum der Arbeitsbevölkerung übereinstimmt.
- Ein konstanter Teil des Einkommens wird gespart (Sparquote, siehe oben), der Rest wird konsumiert.

---

mehr produziert werden kann bzw. der gleiche Output mit geringerem Arbeitseinsatz erstellt werden kann.

- Weiterhin nehmen wir an, dass die gesamten Ersparnisse einer Periode investiert werden. Die Nettoinvestitionen (= Erweiterungsinvestitionen = Kapitalstockerhöhung) sind gleich den Ersparnissen einer Periode abzüglich der Abschreibung (= Ersatzinvestitionen). Wir nehmen eine konstante Abschreibungsrate an. Formal ergibt sich als Nettoinvestition I einer Periode: $I = S - \gamma \cdot K$
- Wir nehmen auf allen Märkten flexible Preise und einen funktionierenden Marktmechanismus an.

Damit sind die Grundelemente des Modells gegeben. Folglich gibt es nun drei mögliche Ursachen der Einkommenserhöhung: (1) der Arbeitseinsatz (durch Bevölkerungswachstum) steigt, (2) durch technischen Fortschritt oder (3) der Kapitaleinsatz (durch Nettoinvestitionen) steigt.

Untersuchungsgegenstand im Folgenden ist die langfristige Entwicklung des Pro-Kopf-Einkommens in einen stationären Zustand.

3.2. Entwicklung zum Gleichgewicht

Überlegen wir zunächst, wie sich technischer Fortschritt in unserem Modell oben auswirkt. Das Pro-Kopf-Einkommen $y = \frac{Y}{L}$ wächst nun jährlich durch den technischen Fortschritt, d.h. graphisch dreht sich die Pro-Kopf-Produktionsfunktion in jeder Periode ein wenig nach oben und jeder Kapitalintensität ist nun ein höheres Pro-Kopf-Einkommen zugeordnet. An diesem Punkt wird schon intuitiv klar, dass bei konstanter und positiver Sparquote, bei konstanter und positiver Abschreibungsrate und bei konstanter und positiver Rate des Bevölkerungswachstums das Pro-Kopf-Einkommen in diesem Modell gezwungenermaßen eine positive Wachstumsrate hat.

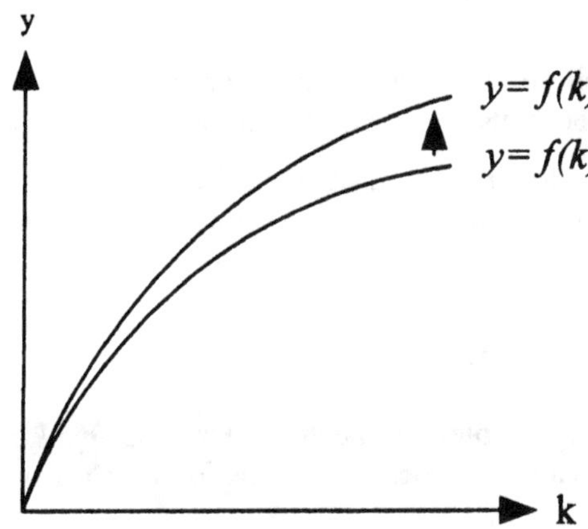

Abbildung 11: Wirkung von technischem Fortschritt auf die Pro-Kopf-Produktionsfunktion

Wir wollen alle Zusammenhänge aber wieder in einem vollständigen Modell wie oben (ohne technischen Fortschritt) betrachten. Leider gibt es ein Problem, eine positive Wachstumsrate im Steady State (zu der wir wahrscheinlich ja kommen werden, wie wir gerade schon vorweggenommen haben) ist analytisch und auch graphisch schwer darstellbar (stellen Sie sich bitte nur Abbildung 3 mit einer sich ständig nach oben drehenden Pro-Kopf-Produktionsfunktion vor). Die wesentlichen Ergebnisse werden bei einer solchen Darstellung nicht deutlich.

Daher werden wir das Modell mit Hilfe eines Konstruktes darstellen. Wir werden alle Größen in so genannten Effizienzeinheiten darstellen. Dies ist nichts anderes als eine Bereinigung der Größen um die jährliche Rate des technischen Fortschritts. Das Pro-Kopf-Einkommen lautet $y = \frac{Y}{L}$, teilen wir dies durch den technischen Fortschritt, so erhalten wir das Pro-Kopf-Einkommen in Effizienzeinheiten: $y_e = \frac{Y}{L \cdot A}$ (in Zukunft alle Größen mit dem Index e). Dies geht natürlich nur, wenn wir eine jährlich konstante Rate des technischen Fortschritts annehmen. Ein Beispiel soll dies ein wenig verdeutlichen: Nehmen wir an, in einer Volkswirtschaft werden 100 Teller mit 10 Arbeitskräften produziert, d.h. die Pro-Kopf-Produktion wäre im ersten Jahr 10 Teller (Teller sind das einzige Produkt). Die Rate des technischen Fortschritts ist nun 10%, d.h. im ersten Jahr entspricht dies einem Wachstum des Arbeitskräftepotentials (wir nehmen ja einen quasi arbeitsvermehrenden technischen Fortschritt an) um den Faktor 1,1, im zweiten Jahr um 1,21 (1,1 · 1,1) im Vergleich zum Ausgangsjahr usw. Die Bereinigung um den technischen Fortschritt um zur Größe der Effizienzeinheiten zu kommen, erfolgt durch Division um diesen Wachstumsfaktor, d.h. die Pro-Kopf-Produktion in Effizienzeinheiten liegt in unserem Fall konstant bei 10 Tellern (Beispiel Jahr 2: Produktion 100 · 1,1 ·1,1 = 121 Teller, Pro-Kopf-Einkommen in Effizienzeinheiten y_e = 121/10 · 1,21 = 10).

Nun können wir unser Modell von oben mit technischem Fortschritt wiederholen. Alle Größen werden in Effizienzeinheiten betrachtet, erkennbar an dem Index e.

1. Schritt: Das Pro-Kopf-Einkommen in Effizienzeinheiten (y_e) ergibt sich aus dem Gesamteinkommen bezogen auf den Arbeitseinsatz und bereinigt um den technischen Fortschritt:

$$y_e = \frac{Y}{L \cdot A}$$

Schreiben wir nun die Produktionsfunktion auch als Pro-Kopf-Funktion in Effizienzeinheiten. Dazu dividieren wir wieder die Produktion durch den Arbeitseinsatz L:

$$y_e = \frac{Y}{L \cdot A} = \frac{(L \cdot A)^{\alpha} \cdot K^{1-\alpha}}{L \cdot A} = (L \cdot A)^{\alpha-1} \cdot K^{1-\alpha} = \left(\frac{K}{L \cdot A}\right)^{1-\alpha}$$

Die Relation $\frac{K}{L \cdot A}$, der Maschinenbestand pro Kopf in der Volkswirtschaft, bezeichnet nun die Kapitalintensität in Effizienzeinheiten (im Folgenden immer k_e).

Zwischenergebnis: das Pro-Kopf-Einkommen in Effizienzeinheiten ist eine Funktion der Kapitalintensität in Effizienzeinheiten. *Konkret* ergibt sich bei Annahme der Cobb-Douglas-Produktionsfunktion: $y_e = k_e^{1-\alpha}$. *Allgemein* ergibt sich eine Abhängigkeit des Pro-Kopf-Einkommens von der Kapitalintensität: $y_e = f(k_e)$.

Graphisch erhält man den gleichen Zusammenhang zwischen Pro-Kopf-Einkommen und Kapitalintensität wie im Modell ohne technischen Fortschritt (Abbildung 12). Diesmal jedoch sind jedoch die Kapitalintensität und das Pro-Kopf-Einkommen in Effizienzeinheiten dargestellt. Der technische Fortschritt drückt sich in den Achsenbeschriftungen aus.

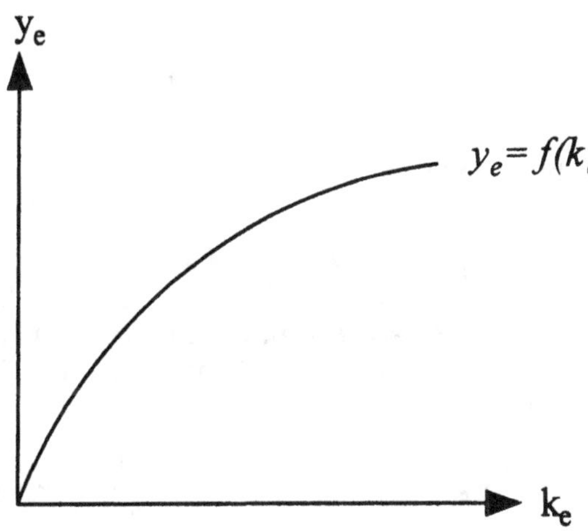

Abbildung 12: Pro-Kopf-Einkommen als Funktion der Kapitalintensität in Effizienzeinheiten bei technischen Fortschritt

2. Schritt: Die Wachstumsrate der Kapitalintensität in Effizienzeinheiten k_e = K/L·A ist logarithmisch folgendermaßen definiert: $\frac{\dot{k}_e}{k_e} = \frac{\dot{K}}{K} - \left(\frac{\dot{L}}{L} + \frac{\dot{A}}{A}\right)$. Die Wachstumsrate der Arbeitsbevölkerung L kennen wir aus dem Modell ohne technischen Fortschritt (**3. Schritt**), ebenso die des Kapitals K (**4. Schritt**). Bitte wiederholen Sie dies, wenn Ihnen die Zusammenhänge nicht mehr bewusst sind. Die Rate des technischen Fortschritts nehmen wir ebenso wie die der Arbeitsbevölkerung als exogen gegeben an. Sie wird im Folgenden mit g_A wiedergegeben.

Wir kommen somit direkt zum 5.Schritt. Die Herleitung der fundamentalen Gleichung ist analog derjenigen im Modell ohne technischen Fortschritt.

5. Schritt: Übertragen wir nun die Ergebnisse aus dem 2. Schritt (Erklärung für das Wachstum von Arbeit g_L, Kapital $\frac{\dot{K}}{K}$ und dem technischen Fortschritt g_A) in die Formel für die Wachstumsrate der Kapitalintensität:

$$\frac{\dot{k}_e}{k_e} = \frac{\dot{K}}{K} - g_L - g_A = \frac{s' \cdot Y}{K} - \frac{\gamma \cdot K}{K} - g_L - g_A$$

Nun nehmen wir die gleichen mathematischen Umformungen wie im Modell ohne technischen Fortschritt vor. Wir kürzen K aus dem 2. Bruch und setzen um die Abschreibungsrate und die Wachstumsrate der Arbeitsbevölkerung und des technischen Fortschritts eine Klammer:

$$\frac{\dot{k}_e}{k_e} = \frac{s' \cdot Y}{K} - (\gamma + g_L + g_A)$$

Nun multiplizieren wir beide Seiten mit k_e:

$$\dot{k}_e = \frac{s' \cdot Y}{K} \cdot k_e - (\gamma + g_L + g_A) \cdot k_e$$

Auf der linken Seite haben wir k_e weggekürzt, beim ersten Term auf der rechten Seite ersetzen wir k durch den Quotienten K/L·A (und können so K kürzen), das k_e rechts lassen wir so stehen:

$$\dot{k}_e = \frac{s' \cdot Y}{K} \cdot \frac{K}{L \cdot A} - (\gamma + g_L + g_A) \cdot k_e \quad \rightarrow \quad \dot{k}_e = \frac{s' \cdot Y}{L \cdot A} - (\gamma + g_L + g_A) \cdot k_e$$

Da der Quotient Y/L·A dem Pro-Kopf-Einkommen y_e in Effizienzeinheiten entspricht setzen wir dies ein und es ergibt sich

$$\dot{k}_e = s' \cdot y_e - (\gamma + g_L + g_A) \cdot k_e$$

Da $y_e = f(k_e)$ (siehe 1.Schritt), ergibt sich als Ergebnis unserer Umformungen nun die **fundamentale Gleichung** im Modell mit technischem Fortschritt

$$\dot{k}_e = s' \cdot f(k_e) - (\gamma + g_L + g_A) \cdot k_e$$

6. Schritt: Wann ist nun die Veränderung der Kapitalintensität in Effizienzeinheiten in der Zeit positiv, wann negativ und wann ist sie gleich null? Die Ergebnisse entsprechen denen im Modell ohne technischen Fortschritt:

a) $\dot{k}_e > 0$ und $\frac{\dot{k}_e}{k_e} > 0$ wenn gilt $s' \cdot f(k_e) > (\gamma + g_L + g_A) \cdot k_e$,

b) $\dot{k}_e = 0$ und $\frac{\dot{k}_e}{k_e} = 0$ wenn gilt $s' \cdot f(k_e) = (\gamma + g_L + g_A) \cdot k_e$ und

c) $\dot{k}_e < 0$ und $\frac{\dot{k}_e}{k_e} < 0$ wenn gilt $s' \cdot f(k_e) < (\gamma + g_L + g_A) \cdot k_e$.

Wir sehen, die Entwicklung der Kapitalintensität in der Zeit ist abhängig vom Verhältnis der Ersparnisbildung pro Kopf in Effizienzeinheiten $s' \cdot f(k_e)$ zur Summe aus Abschreibungsrate und Wachstumsraten der Arbeitsbevölkerung und des technischen Fortschritts multipliziert mit der Kapitalintensität in Effizienzeinheiten $(\gamma + g_L + g_A) \cdot k_e$.

7. und 8. Schritt: Schauen wir uns auch diese Ergebnisse graphisch an (Abbildung 13).

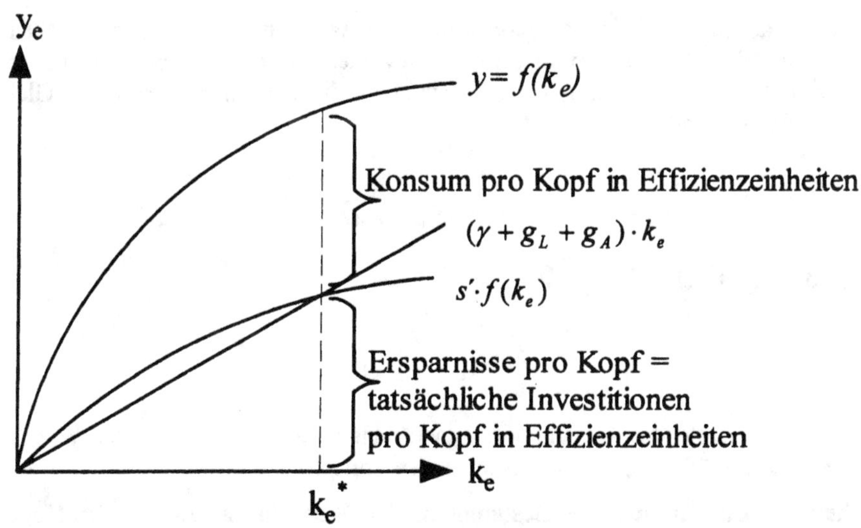

Abbildung 13: Graphische Darstellung der fundamentalen Gleichung im Modell mit technischem Fortschritt

Graphisch scheinen die Ergebnisse denen im Modell ohne technischen Fortschritt zu entsprechen. Es scheint im Schnittpunkt der Kapitalbedarfsgeraden mit der Funktion des Kapitalangebots eine gleichgewichtige Kapitalintensität k_e^* zu geben. Rechts davon ist $(\gamma + g_L + g_A) \cdot k_e > s' \cdot f(k_e)$ und links davon $(\gamma + g_L + g_A) \cdot k_e < s' \cdot f(k_e)$. In beiden Fällen gibt es, wie im Modell ohne technischen Fortschritt, eine Dynamik zu einem Steady State k_e^*. D.h. im Steady State (*Achtung*: in Effizienzeinheiten) sind die Kapitalintensität und das Pro-Kopf-Einkommen konstant. In diesem Steady State, erinnern wir uns aber, werden die Kapitalintensität und das Pro-Kopf-Einkommen in Effizienzeinheiten gemessen, zudem verläuft die Kapitalbedarfsgerade jetzt steiler, da diese auch die Rate des technischen Fortschritts berücksichtigt.

Ergebnisinterpretation von Pro-Kopf-Einkommen und Kapitalintensität

Was bedeutet dieses Ergebnis für die „natürliche“ Kapitalintensität und das „natürliche“ Pro-Kopf-Einkommen (nicht in Effizienzeinheiten, sondern z.B. in Tellern pro Kopf gemessen)? Dies war ja unsere ursprüngliche Fragestellung (wir müssen nun die Ergebnisse wieder von unserem Konstrukt Effizienzeinheiten zurückinterpretieren).

Da $y_e = \frac{Y}{L \cdot A}$ definiert ist, gilt $\frac{\dot{y}_e}{y_e} = \frac{\dot{Y}}{Y} - \left(\frac{\dot{L}}{L} + \frac{\dot{A}}{A} \right)$. Wir haben gerade ermittelt, dass die Wachstumsrate des Pro-Kopf-Einkommens in Effizienzeinheiten im Steady State null ist. Die Wachstumsraten der Bevölkerung und des technischen Fortschritts sind exogen gegeben ($g_A + g_L$). Setzen wir diese Informationen in die Gleichung oben ein, ergibt sich:

$$0 = \frac{\dot{Y}}{Y} - (g_L + g_A)$$

Aufgelöst ergibt sich:

$$\frac{\dot{Y}}{Y} = (g_L + g_A)$$

Die Wachstumsrate des Gesamteinkommens entspricht der Summe der Wachstumsrate der Bevölkerung und des technischen Fortschritts.

Nächster Schritt ist nun die Bestimmung der Wachstumsraten der Pro-Kopf-Größen. Das Pro-Kopf-Einkommen (in natürlichen Einheiten und nicht in Effizienzeinheiten) ist $y = \frac{Y}{L}$. Die Wachstumsrate ist dann $\frac{\dot{y}}{y} = \frac{\dot{Y}}{Y} - \frac{\dot{L}}{L}$. Setzen wir die Wachstumsrate des Gesamteinkommens und die Rate des Bevölkerungswachstums hier ein, ergibt sich: $\frac{\dot{y}}{y} = (g_L + g_A) - g_L = g_A$.

Das Pro-Kopf-Einkommen in natürlichen Größen steigt langfristig genau mit der Rate des technischen Fortschritts an.

Schauen wir uns dies nun auf für die natürliche Kapitalintensität an. Da $k_e = \frac{K}{L \cdot A}$ definiert ist, gilt $\frac{\dot{k}_e}{k_e} = \frac{\dot{K}}{K} - \left(\frac{\dot{L}}{L} + \frac{\dot{A}}{A}\right)$. Die Wachstumsrate der Kapitalintensität in Effizienzeinheiten ist im Steady State null. Setzen wir dies und die Wachstumsraten der Bevölkerung und des technischen Fortschritts ein ($g_A + g_L$), ergibt sich:

$$0 = \frac{\dot{K}}{K} - (g_L + g_A)$$

Aufgelöst ergibt sich:

$$\frac{\dot{K}}{K} = (g_L + g_A)$$

Die Wachstumsrate der Gesamtkapitalintensität entspricht, wie die Wachstumsrate des Gesamteinkommens, der Summe aus der Wachstumsrate der Bevölkerung und des technischen Fortschritts.

Nächster Schritt ist nun die Bestimmung der Wachstumsraten der Pro-Kopf-Kapitalintensität. Dies ist (in natürlichen Einheiten und nicht in Effizienzeinheiten) $k = \frac{K}{L}$. Die Wachstumsrate ist dann $\frac{\dot{k}}{k} = \frac{\dot{K}}{K} - \frac{\dot{L}}{L}$. Setzen wir die Wachstumsrate der Gesamtkapitalintensität und die Rate des Bevölkerungswachstums hier ein, ergibt sich: $\frac{\dot{k}}{k} = (g_L + g_A) - g_L = g_A$.

Auch die Pro-Kopf-Kapitalintensität wächst langfristig genau in Höhe der Rate des technischen Fortschritts.

Abschließende Aufgabe zu diesem Thema

Folgende Daten sind gegeben:

♦ Lohnquote	50%
♦ Konsumquote	82,5%
♦ Wachstumsrate des Gesamteinkommens	7%
♦ Abschreibungsrate	0%

1. Wie hoch ist die Kapitalintensität in Effizienzeinheiten im Steady State?

2. Bestimmen Sie die Wachstumsrate der Kapitalintensität, wenn Sie abweichend von 1. einen Wert von 2 hat.

zu 1. Im Steady State entspricht der Kapitalbedarf dem Kapitalangebot, d.h.: $(\gamma + g_L + g_A) \cdot k_e = s' \cdot f(k_e)$. Im Modell mit technischen Fortschritt entspricht im Steady State die Wachstumsrate des Gesamteinkommens der Summe der Wachstumsraten der Bevölkerung und des technischen Fortschritts. Wir können dies daher oben einsetzen.

$$0{,}07 \cdot k_e = s' \cdot f(k_e)$$

Weiterhin können wir die Sparquote einsetzen (1-Konsumquote) und die konkrete Pro-Kopf-Produktionsfunktion ($y = f(k_e) = k_e^{0,5}$) für eine Lohnquote von 0,5. Dies ergibt nun:

$$0{,}07 \cdot k_e = 0{,}175 \cdot k_e^{0,5}$$

nach k_e aufgelöst ergibt dies $\mathbf{k_e = 6{,}25}$

zu 2. Die Kapitalintensität wächst in Höhe der Differenz von Kapitalangebot und Kapitalbedarf: $\dot{k}_e = s' \cdot f(k_e) - (\gamma + g_L + g_A) \cdot k_e = 0{,}175 \cdot 2^{0,5} - 0{,}07 \cdot 2 =$ 0,10748. Die Kapitalintensität wächst absolut mit 0,10748, die Wachstumsrate ist daher: $\frac{\dot{k}_e}{k_e} = \frac{0{,}10748}{2} = 0{,}05374$. Die Wachstumsrate der Kapitalintensität ist 0,05374 bzw. **5,37%**

Entwicklung der Faktorentlohnung (Lohn und Zins)

Wir haben gerade gesehen, dass das Pro-Kopf-Einkommen langfristig mit der Rate des technischen Fortschritts wächst. Wie entwickeln sich in einem solchen Steady State die Entlohnung der beiden Produktionsfaktoren, d.h. wie entwickeln nun sich Zins- und Lohnsatz? Zur Erinnerung: die Faktorentlohnung entspricht bei (1) Annahme einer Cobb-Douglas-Produktionsfunktion, (2) bei Annahme gewinnmaximierendem Unternehmerverhalten und (3) bei Annahme von Wettbewerbsbedingungen zu den jeweiligen Grenzproduktivitäten. Untersuchen wir nun die Entwicklung von Zins- und Lohnsatz bei technischem Fortschritt. Zunächst für den Lohnsatz.

Nehmen wir unsere Produktionsfunktion von oben an: $Y = (L \cdot A)^{\alpha} \cdot K^{1-\alpha}$, da die Unternehmen ja unter Wettbewerbsbedingungen gewinnmaximierend handeln, entspricht der Lohnsatz der Grenzproduktivität der Arbeit. Die Grenzproduktivität der Arbeit entspricht der ersten partiellen Ableitung der Produktionsfunktion:

$$\frac{\partial Y}{\partial L} = A \cdot \alpha \cdot (L \cdot A)^{\alpha-1} \cdot K^{1-\alpha}$$

(Falls Sie noch Schwierigkeiten mit der Anwendung der Kettenregel bei Bildung von Ableitungen haben, arbeiten Sie diese bitte erst im mathematischen Anhang durch.)

Anstatt $(L \cdot A)^{\alpha-1}$ schreiben wir im Folgenden $\frac{1}{(L \cdot A)^{1-\alpha}}$ und es ergibt sich:

$$\frac{\partial Y}{\partial L} = A \cdot \alpha \cdot \left(\frac{K}{L \cdot A}\right)^{1-\alpha}$$

Wenn wir uns dieses Ergebnis für den langfristigen gleichgewichtigen Lohnsatz im Steady State anschauen, stellen wir fest, dass bis auf die Rate des technischen Fortschritts alle Größen konstant sind. Der Quotient K/L·A entspricht der Pro-Kopf-Kapitalintensität in Effizienzeinheiten und ist im Steady State konstant, α entspricht der Produktionselastizität der Arbeit und ist ebenfalls konstant. Der Lohnsatz wächst somit wie das natürliche Pro-Kopf-Einkommen, der natürliche Pro-Kopf-Konsum und die natürliche Pro-Kopf-Kapitalintensität mit der Rate des technischen Fortschritts. Ein keineswegs überraschendes Ergebnis.

Der Zinssatz entspricht der Grenzproduktivität des Kapitals, somit der ersten partiellen Ableitung nach K. Diese lautet:

$$\frac{\partial Y}{\partial K} = (1-\alpha) \cdot (L \cdot A)^{\alpha-1} \cdot K^{-\alpha}$$

Anstatt $(L \cdot A)^{\alpha-1}$ schreiben wir nun $\frac{1}{(L \cdot A)^{-\alpha}}$ und es ergibt sich:

$$\frac{\partial Y}{\partial L} = (1-\alpha) \cdot \left(\frac{K}{L \cdot A}\right)^{-\alpha}$$

Alle Größen, die Pro-Kopf-Kapitalintensität in Effizienzeinheiten und die Produktionselastizität sind konstant, d.h. der Zinssatz ist langfristig konstant. Da wir ausschließlich einen arbeitsvermehrenden technischen Fortschritt angenommen haben, war dieses Ergebnis zu erwarten. Bei Annahme eines rein kapitalvermehrenden technischen Fortschritts würden der Zinssatz mit der Rate des technischen Fortschritt steigen, der Lohnsatz bliebe jedoch konstant.

Damit haben wir das Solow-Modell mit technischem Fortschritt abgeschlossen.

Begriffe zum Nachlesen

Technischer Fortschritt
Kapitalintensität in Effizienzeinheiten
Wachstumsrate des technischen Fortschritts
Wachstumsrate des Pro-Kopf-Einkommens
Fundamentale Gleichung bei technischem Fortschritt

Wiederholungsfragen

22. Leiten Sie die fundamentale Gleichung her.

23. Bestimmen Sie analytisch alle relevanten Wachstumsraten für eine sog. Steady-State-Situation.

24. **Angenommen: In einer Volkswirtschaft beträgt die Lohnquote 50 %, die Wachstumsrate des Gesamteinkommens beläuft sich auf 7% und 82,5% des Einkommens werden (in allen Perioden) konsumiert. Die Abschreibungsrate ist 0%.**

    a) Bestimmen Sie die Kapitalintensität (in Effizienzeinheiten) im stationären Zustand.

    b) Bestimmen Sie die Wachstumsrate der Kapitalintensität (in Effizienzeinheiten), wenn diese abweichend von a) einen Wert von 2 hat.

25. **Angenommen: Eine Volkswirtschaft befindet sich im (langfristigen) Konsummaximum. Aus dieser Volkswirtschaft sind folgende Daten bekannt: Produktionselastizität der Arbeit = 0,6; Wachstumsrate des technischen Fortschritts und Wachstumsrate der Bevölkerung jeweils 2%; Abschreibungen = 0. Bestimmen Sie**

    a) die Sparquote

    b) den gleichgewichtigen Kapitalkoeffizienten

    c) die Kapitalintensität (in Effizienzeinheiten)

    d) das Pro-Kopf-Einkommen (in Effizienzeinheiten) und

    e) die Wachstumsrate des Pro-Kopf- Einkommens (in natürlichen Einheiten).

26. Weisen Sie analytisch nach, dass der Zins im Solow-Modell mit arbeitsvermehrenden technischem Fortschritt konstant ist.

27. Die beiden Volkswirtschaften D und E lassen sich durch das Solow-Modell mit technischem Fortschritt beschreiben Die Produktionsfunktionen sowie alle anderen relevanten Parameter sind mit Ausnahme der Sparquoten „über alle Perioden" identisch. Die Sparquote in Volkswirtschaft D ist größer als die Sparquote von Volkswirtschaft E. Im Jahr X sind die Pro-Kopf-Einkommen in den beiden Volkswirtschaften identisch.

a) Erläutern Sie sehr kurz, warum Volkswirtschaft D sich im Jahr X nicht im stationären Zustand befinden kann.

b) In welchem Land ist die Wachstumsrate des Pro-Kopf-Einkommens (in Effizienzeinheiten) im Jahr X höher?

c) Im Jahr Y ist die Wachstumsrate der Kapitalintensität in Effizienzeinheiten in beiden Ländern null. Folgt hieraus, dass sich die Pro-Kopf-Einkommen (in Effizienzeinheiten) im weiteren Zeitablauf in ihrer absoluten Höhe angleichen werden?

d) Wie verändern sich die absolute Höhe des Kapitalbestandes pro Kopf (K/L) und die Wachstumsraten der Pro-Kopf-Produktion (Y/L) in der Zeit nach dem Jahr Y in beiden Ländern ?

28. Mit welcher Rate wachsen das gesamtwirtschaftliche Einkommen, die Kapitalintensität bezogen auf Effizienzeinheiten und bezogen auf natürliche Personen sowie das Pro-Kopf-Einkommen im langfristigen Wachstumsgleichgewicht?

4. aK-Wachstumstheorie (endogene Wachstumstheorie)

In diesem Kapitel lernen Sie

- das Grundmodell der endogenen Wachstumstheorie und
- die Bestimmungsgründe der Wachstumsrate in der endogenen Wachstumstheorie kennen.

4.1. Grundelemente des Modells

Der wesentliche Unterschied zum neoklassischen Solow-Modell ist die Produktionsfunktion, der geänderte Kapitalbegriff (dieser berücksichtigt auch Humankapital) und die Annahme einer konstanten Grenzproduktivität. Diese führen zu einem grundsätzlich anderen Ergebnis, die Sparquote bestimmt die langfristige Wachstumsrate des Pro-Kopf-Einkommens und der Kapitalintensität. Wirtschaftspolitische Maßnahmen zur Erhöhung der Sparquote haben im Gegensatz zur neoklassischen Wachstumstheorie eine positive Wirkung auf das Pro-Kopf-Einkommen.

Kommen wir nun zu den Grundelementen des Modells:

- Das Realeinkommen Y wird mit der Produktionsfunktion $Y = a \cdot K$ beschrieben. Der Produktionsfaktor K unterscheidet sich von unserem Kapitalbegriff in den Solow-Modellen. Er steht für Sachkapital (Maschineneinsatz), in diesem Modell aber auch für Humankapital. a ist ein konstanter Effizienzparameter. Dies hat eine konstante Grenzproduktivität des Kapitaleinsatzes zur Folge; eine wesentliche Eigenschaft dieser Funktion, wie wir später noch sehen werden.

- Unter Humankapital verstehen wir qualifizierte Arbeit (oder die Fähigkeit zur Einkommenserzielung), vereinfachend wird oft formuliert: Humankapital = Arbeitszeit mal durchschnittliches Bildungsniveau. Humankapital entsteht ebenso wie Sachkapital durch Konsumverzicht, d.h. Investition in Bildung (anstatt das Einkommen in der Spielhalle auszugeben, wird der Repetitor besucht).

- Wir nehmen eine exogen gegebene Wachstumsrate der Bevölkerung an, die vereinfacht mit dem Wachstum der Arbeitsbevölkerung übereinstimmt.

- Ein konstanter Teil des Einkommens wird gespart, der Rest wird konsumiert. Die Ersparnisse einer Periode ergeben sich dann aus: $S = s' \cdot Y = s' \cdot a \cdot K$.

- Weiterhin nehmen wir an, dass die gesamten Ersparnisse einer Periode investiert werden. Die Nettoinvestitionen (= Erweiterungsinvestitionen = Kapitalstockerhöhung) sind gleich den Ersparnissen einer Periode abzüglich der Abschreibung (= Ersatzinvestitionen). Wir nehmen eine konstante Abschreibungsrate an, diese wird als γ (griechisch: Gamma) bezeichnet. Formal ergibt sich als Nettoinvestition I einer Periode: $I = S - \gamma \cdot K$

- Wir nehmen auf allen Märkten flexible Preise und einen funktionierenden Marktmechanismus an.

Damit sind die Grundelemente des Modells gegeben. Folglich gibt es nur eine mögliche Ursache der Einkommenserhöhung unter Annahme eines konstanten Effizienzparameters a, der Kapitaleinsatz (durch Investitionen in Bildung und/oder Maschinen) steigt.

Untersuchungsgegenstand im Folgenden ist (4.2.) die Beschreibung des Pro-Kopf-Einkommens im stationären Zustand und (4.3.) die Beeinflussung von Änderungen endogener und exogener Variablen auf diesen stationären Zustand.

4.2. Der Steady State im aK-Modell

Basis des aK-Modells ist die oben vorgestellte aK-Produktionsfunktion $Y = a \cdot K$. Untersuchungsgegenstand ist die Höhe und Entwicklung von Pro-Kopf-Einkommen und Kapitalintensität im stationären Zustand (Gleichgewicht). Zum besseren Verständnis haben wir die folgende Erklärung wieder in einzelne Schritte gegliedert:

1. Schritt: Das Pro-Kopf-Einkommen (y) ergibt sich aus dem Gesamteinkommen bezogen auf die Bevölkerung:

$$y = \frac{Y}{L}$$

Schreiben wir nun die Produktionsfunktion auch als Pro-Kopf-Funktion. Dazu dividieren wir die Produktion durch Gesamtbevölkerung:

$$y = \frac{Y}{L} = \frac{a \cdot K}{L} = a \cdot k$$

Die Relation $\frac{K}{L}$ bezeichnet wiederum die Kapitalintensität (im Folgenden wie im Modell vorher k), diesmal ist dies jedoch das Humankapital und das Sachkapital bezogen auf die einzelne Arbeitseinheit.

Wichtiges Zwischenergebnis: das Pro-Kopf-Einkommen ist eine Funktion der Kapitalintensität. *Allgemein* ergibt sich: $y = f(k)$.

Um herauszufinden, wie hoch das Pro-Kopf-Einkommen im Steady State ist und wie es sich entwickelt, ist zu untersuchen wie hoch die Kapitalintensität ist, bzw. wie sie sich langfristig entwickelt.

2. Schritt: Die Wachstumsrate der Kapitalintensität k = K/L ist logarithmisch folgendermaßen definiert: $\frac{\dot{k}}{k} = \frac{\dot{K}}{K} - \frac{\dot{L}}{L}$. Wie bestimmen sich nun die Wachstumsrate der Arbeitsbevölkerung L (3. Schritt) und des Kapitals K (4. Schritt)?

3. Schritt: Die Wachstumsrate der Arbeitsbevölkerung $\frac{\dot{L}}{L}$ ist, wie in den Solow-Modellen oben, exogen gegeben und konstant: $\frac{\dot{L}}{L} = g_L$.

4. Schritt: Die Kapitalbildung ist endogen, d.h. die Veränderung des Kapitalstocks in der Zeit entspricht den Nettoinvestitionen, der Differenz von Gesamtinvestitionen (Bruttoinvestitionen) und Abschreibung. Formal ergeben sich folgende Zusammenhänge:

- $S = s' \cdot Y$ als Gesamtinvestitionen. Setzen wir für Y unsere Produktionsfunktion ein, ergibt sich $S = s' \cdot a \cdot K$ (zur Erinnerung: wir nehmen an, dass die gesamten Ersparnisse langfristig auch investiert werden).
- $I = S - \gamma \cdot K$ als Nettoinvestitionen und da $\dot{K} = I$ folgt $\dot{K} = s' \cdot a \cdot K - \gamma \cdot K$.

5. Schritt: Übertragen wir nun die Ergebnisse aus dem 3. und 4. Schritt (Erklärung für das Wachstum von L und K) in die Formel für die Wachstumsrate der Kapitalintensität des 2. Schrittes:

$$\frac{\dot{k}}{k} = \frac{\dot{K}}{K} - \frac{\dot{L}}{L} = \frac{s' \cdot a \cdot K - \gamma \cdot K}{K} - g_L = s' \cdot a - \gamma - g_L$$

Wir setzen um die Abschreibungsrate und die Wachstumsrate der Arbeitsbevölkerung nun eine Klammer und multiplizieren beide Seiten mit k:

$$\dot{k} = s' \cdot a \cdot k - (\gamma + g_L) \cdot k$$

Da $y = f(k)$ (siehe 1.Schritt), ergibt sich als Ergebnis die folgende sogenannte **fundamentale Gleichung** für das aK-Modell:

$$\dot{k} = s' \cdot f(k) - (\gamma + g_L) \cdot k$$

6. Schritt: Wir sehen, die Sparquote s′ bestimmt das absolute Wachstum und die Wachstumsrate der Kapitalintensität. Die Wachstumsrate der Kapitalintensität lautet $\frac{\dot{k}}{k} = s' \cdot a - \gamma - g_L$, die Abschreibungsrate und die Rate des Bevölkerungswachstums stehen als exogene Größe fest, ebenso der Parameter a, daher ist die Sparquote die die Wachstumsrate der Kapitalintensität bestimmende Verhaltensgröße. Konsequenterweise bestimmt diese dann auch die Wachstumsrate des Pro-Kopf-Einkommens. Das Pro-Kopf-Einkommen ist $y = a \cdot K$, die Wachstumsrate dem entsprechend $\frac{\dot{y}}{y} = \frac{\dot{a}}{a} + \frac{\dot{k}}{k}$. Da der Koeffizient a eine konstante Größe ist, wächst das Pro-Kopf-Einkommen in gleicher Höhe wie die Kapitalintensität. Erhöht sich oder verringert sich die Sparquote, steigen oder sinken die Wachstumsraten der Kapitalintensität und des Pro-Kopf-Einkommens. **Die Höhe der Sparquote bestimmt damit eindeutig die Höhe der Wachstumsrate der Kapitalintensität und des Pro-Kopf-Einkommens.**

Da die Pro-Kopf-Produktionsfunktion $Y = a \cdot K$ eine konstante Grenzproduktivität hat, gibt es nun keinen Mechanismus, der in einer Situation, in der der Kapitalbedarf größer oder kleiner dem Kapitalangebot ist, wie in den Solow-Modellen für einen Ausgleich von Kapitalangebot und Kapitalbedarf sorgen würde. *Achtung*: wir befinden uns in einem Steady State (konstante Wachstumsraten aller Größen).

Was folgt nun daraus? Wäre (1) $s' \cdot f(k) < (\gamma + g_L) \cdot k$, d.h. würde regelmäßig weniger gespart, um die nachwachsende Bevölkerung mit Kapital zu versorgen und die verbrauchten Maschinen und das schwindende Humankapital (durch Tod und Pensionierung) zu ersetzen, dann sänke die Kapitalintensität kontinuierlich. Ohne Ausgleichsmechanismus führte dies zurück in die Steinzeit, eine schlicht unvorstellbare Situation. Diesen Fall können wir daher vernachlässigen. Ist (2) $s' \cdot f(k) > (\gamma + g_L) \cdot k$, bedeutet dies eine ständig steigende Kapitalintensität der Bevölkerung, die Ersparnisse, d.h. das Kapitalangebot, sind langfristig größer als der für die steigende Bevölkerung und den Ersatz des verbrauchten Kapitals notwendige Kapitalbedarf. Kapitalintensität und Pro-Kopf-Einkommen haben eine langfristig konstante positive Wachstumsrate. Dies ist daher das wahrscheinlichste Szenario einer Volkswirtschaft, von dem wir im Folgenden auch weiterhin ausgehen. Der letzte Fall (3) $s' \cdot f(k) = (\gamma + g_L) \cdot k$, würde eine statische Volkswirtschaft bedeuten und wäre nur rein zufällig zu erreichen, genau dann, wenn die Sparquote so hoch, dass das Kapitalangebot genau ausreicht, die steigende Bevölkerung mit Kapital zu versorgen und die verbrauchten Anlagen und das schwindende Humankapital zu ersetzen.

Fall (2) finden Sie in der folgenden Graphik. Kapitalangebot und Kapitalbedarf sind im aK-Modell jeweils lineare Funktionen. Die Ersparnisse und damit die Investitionen (zur Erinnerung: die gesamten Ersparnisse werden investiert) sind in jeder Periode größer als der zur Ausstattung und Ausbildung der neuen Arbeitskräfte und zum Ersatz der alten Anlagen und des schwindenden Humankapitals notwendige Kapitalbedarf. Dadurch steigt in jeder Periode die Ausstattung der Beschäftigen mit Kapital und Bildung, d.h. die Kapitalintensität hat eine langfristig positive Wachstumsrate. Bei Annahme der aK-Produktionsfunktion mit einer konstanten Grenzproduktivität des Kapitals nimmt dann auch der Output pro Kopf (Pro-Kopf-Einkommen) in jeder Periode mit der gleichen konstanten positiven Wachstumsrate zu. Entscheidend für die Wachstumsrate ist die Höhe der Sparquote.

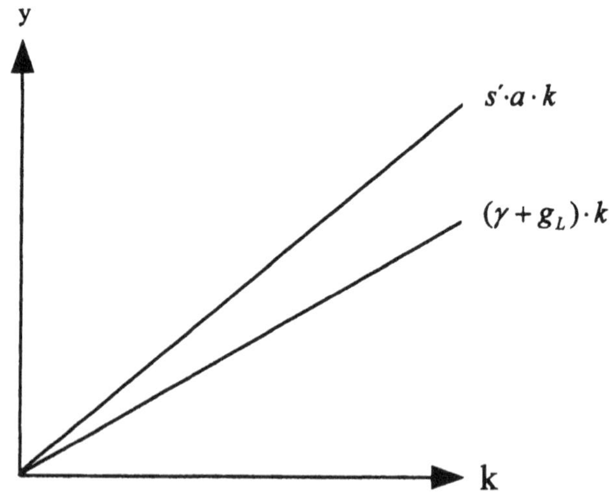

Abbildung 14: Kapitalangebot und Kapitalbedarf im Fall 2 im aK-Modell

Dies hat eine entscheidende wirtschaftpolitische Konsequenz: Die Regierung einer Volkswirtschaft kann die Wachstumsrate durch Maßnahmen zur Erhöhung der Sparquote positiv beeinflussen. Diese Möglichkeit existiert im Fall einer neoklassischen Produktionsfunktion und den Annahmen des Solow-Modells nur kurzfristig, nicht in langfristiger Betrachtung (siehe Abschnitt 1.3. Erhöhung der Sparquote).

Abschließendes Beispiel zum aK-Modell

Gegeben sind folgende Informationen:

aK-Produktionsfunktion:	$Y = 0{,}7 \cdot K$
Sparquote	$s' = 0{,}15$
Rate des Bevölkerungswachstums	$g_L = 0{,}02$
Abschreibungsrate	$\gamma = 0{,}08$

Wie hoch sind die Wachstumsraten der Kapitalintensität und des Pro-Kopf-Einkommens?

Die Wachstumsrate der Kapitalintensität lautet:

$$\frac{\dot{k}}{k} = s' \cdot a - \gamma - g_L = 0{,}15 \cdot 0{,}7 - 0{,}08 - 0{,}02 = 0{,}005$$

Die Wachstumsrate der Kapitalintensität ist 0,5%. Die Wachstumsrate des Pro-Kopf-Einkommens entspricht derjenigen der Kapitalintensität. Zur Erinnerung:

$\frac{\dot{y}}{y} = \frac{\dot{a}}{a} + \frac{\dot{k}}{k}$ und da a sich nicht ändert, wächst das Pro-Kopf-Einkommen ebenfalls mit 0,5%.

4.3. Einführung einer proportionalen Einkommensteuer

In diesem Abschnitt wollen wir uns eine Änderung genau anschauen, nämlich die Einführung einer proportionalen Einkommensteuer. Zunächst allgemein, dann mit einem abschließenden Beispiel.

Nehmen wir die Einführung einer vom Einkommen proportionalen Einkommenssteuer in Höhe von t an. Der Staat verwendet die Mehreinnahmen konsumtiv, d.h. für Bleistifte und Speiseeis seiner Beamten. Die verfügbaren Ersparnisse pro Kopf sinken durch die Einführung der Steuer um (1 - t), das Kapitalangebot ist nur noch $s' \cdot a \cdot k \cdot (1-t)$. Dadurch ändert sich die Höhe des Wachstums der Kapitalintensität: $\dot{k} = s' \cdot a \cdot k \cdot (1-t) - (\gamma + g_L) \cdot k$ und die Wachstumsrate der Kapitalintensität: $\frac{\dot{k}}{k} = s' \cdot a \cdot (1-t) - \gamma - g_L$. Diese entspricht ja auch der Wachstumsrate des Pro-Kopf-Einkommens.

Es müsste direkt einsichtig sein, dass die Wachstumsraten der Kapitalintensität und des Pro-Kopf-Einkommens nun niedriger sind als vor Einführung der Steuer. Rechnerisch sehen wir das durch Einführung von (1-t). Die Ersparnisse und damit die Investitionen sind niedriger als vor Einführung der Steuer. Das zur Ausstattung und Ausbildung der neuen Arbeitskräfte und zum Ersatz der alten Anlagen und des schwindenden Humankapitals zur Verfügung stehende Kapitalangebot ist gesunken. Die Differenz von Kapitalangebot und Kapitalbedarf ist gesunken und dadurch ist nun eine nicht mehr so hohe (u.U. gar keine mehr) Verbesserung der Ausstattung der Beschäftigen mit Kapital und Ausbildung möglich.

Abschließendes Beispiel zum aK-Modell und Einführung einer proportionalen Einkommensteuer

Gegeben sind folgende Informationen (Beispiel wie oben ergänzt um die Steuer t):

aK-Produktionsfunktion:	$Y = 0{,}7 \cdot K$
Sparquote	$s' = 0{,}15$
Steuersatz	$t = 0{,}02$
Rate des Bevölkerungswachstums	$g_L = 0{,}02$
Abschreibungsrate	$\gamma = 0{,}08$

Wie hoch sind die Wachstumsraten der Kapitalintensität und des Pro-Kopf-Einkommens? Vergleichen Sie das Ergebnis mit dem Ergebnis der Aufgabe ohne Steuer.

Die Wachstumsrate der Kapitalintensität lautet:

$$\frac{\dot{k}}{k} = s' \cdot a \cdot (1-t) - \gamma - g_L = 0{,}15 \cdot 0{,}7 \cdot (0{,}98) - 0{,}08 - 0{,}02 = 0{,}0029 .$$

Die Wachstumsrate der Kapitalintensität ist 0,29%. Die Wachstumsrate des Pro-Kopf-Einkommens entspricht derjenigen der Kapitalintensität.

Zur Erinnerung: $\frac{\dot{y}}{y} = \frac{\dot{a}}{a} + \frac{\dot{k}}{k}$ und da sich a nicht ändert, wächst das Pro-Kopf-Einkommen ebenfalls mit 0,29%.

Begriffe zum Nachlesen

Humankapital	aK-Produktionsfunktion	Effizienzparameter
endogenes Wachstum	Grenzproduktivität des Kapitals	

Wiederholungsfragen

29. Erläutern Sie verbal den Unterschied von neoklassischer Wachstumstheorie und der endogenen Wachstumstheorie.

30. Erläutern Sie kurz, warum in der aK-Produktionsfunktion der Produktionsfaktor Arbeit nicht auftaucht.

31. Wie verändert sich die Grenzproduktivität des Kapitals bei Erhöhung des Kapitalbestandes?

32. Leiten Sie die Bewegungsgleichung $\dot{k}$ her.

33. Angenommen: In einer Volkswirtschaft gilt die Produktionsfunktion Y(K) = 0,3 K bzw. f(k) = 0,3k. Die Abschreibungsrate ist 0, die Bevölkerung wächst mit 2 % und 80% des Einkommens wird konsumiert. Bestimmen Sie die Wachstumsraten der Kapitalintensität und des Pro-Kopf-Einkommens.

34. Analysieren Sie kurz die Auswirkungen einer Sparquotenerhöhung im aK-Modell.

35. Angenommen: Zwei Länder, deren Pro-Kopf-Einkommen sich im Jahre X unterscheiden, produzieren mit der identischen aK-Technologie. Auch die Bevölkerungswachstumsrate, die Abschreibungsrate und die Sparquote stimmen jeweils in beiden Ländern überein. Werden sich die Pro-Kopf-Einkommen der beiden Länder angleichen?

5. Intertemporale Effizienz auf Basis des aK-Modells

In diesem Kapitel lernen Sie

- Die Ermittlung der langfristig nutzenmaximalen Wachstumsrate mit Hilfe der Hamiltonfunktion im aK-Modell kennen.

Auch das aK-Modell lässt sich um den Ansatz der intertemporalen Effizienz erweitern. Im Unterschied zum Solow-Modell sind die Wachstumsraten von Kapitalintensität, Pro-Kopf-Einkommen und Pro-Kopf-Konsum dauerhaft positiv. Mit intertemporaler Effizienz bezeichnet man im Rahmen des aK-Modells die Bestimmung der nutzenmaximalen Wachstumsrate des Konsums. Zur Erinnerung: eine Erhöhung der Ersparnisbildung vergrößert zwar die Wachstumsrate des Pro-Kopf-Konsums, senkt aber zunächst einmal die absolute Größe des Pro-Kopf-Konsums und damit auch den Nutzen.

Dieser Zusammenhang lässt sich analog zum Ramsey-Modell mit Hilfe der subjektiven Diskontrate berücksichtigen. Hierbei gilt wiederum: je höher die subjektive Diskontrate, desto höher wird der Gegenwartskonsum bewertet. Im Folgenden werden wir dies analytisch integrieren und die nutzenmaximale Wachstumsrate des Konsums mit Hilfe der Hamiltonfunktion bestimmen.

Beginnen wir mit der Lösung des Problems und setzen eine konkrete Nutzenfunktion ein und bestimmen die Nebenbedingung.

1. Schritt: Aufstellen der Hamiltonfunktion

$$H = \textit{Nutzenfunktion} + \lambda\ \textit{(Lambda)} \cdot \textit{Nebenbedingung}$$

Wie lauten nun Nutzenfunktion und Nebenbedingung?

Nutzenfunktion

Wir nehmen die gleiche Nutzenfunktion wie im Ramsey-Modell oben an:

die folgende: $U = \int_0^\infty u(c_t) \cdot e^{-\theta t} dt$

Da wir wiederum mit dem Momentanwertverfahren arbeiten, können wir die Abdiskontierung vernachlässigen. Im Folgenden verwenden wir wiederum eine konkrete Nutzenfunktion mit σ = (konstanter) Grenznutzenelastizität, die größer als null ist:

$$u(c_t) = \frac{c^{1-\sigma} - 1}{1-\sigma}$$

Nebenbedingung

Die Nebenbedingung ist unsere fundamentale Gleichung aus dem aK-Modell. Unterstellen wir vereinfachend eine Wachstumsrate der Bevölkerung von null so lautet diese

$$\dot{k} = s' \cdot a \cdot k - \gamma \cdot k$$

Wiederum ist die Sparquote zu eliminieren. Die Pro-Kopf-Ersparnis können wir auch als Differenz von Pro-Kopf-Einkommen und Pro-Kopf-Konsum schreiben, d.h. $s' \cdot f(k) = y - c$. Dies setzen wir in die Gleichung oben ein und erhalten:

$$\dot{k} = y - c - \gamma \cdot k$$

Das Pro-Kopf-Einkommen wiederum entspricht dem Produkt aus Zinseinkommen und Kapitalintensität ($y = r \cdot k$). Der Lohn taucht im Gegensatz zum Solow-Modell nicht auf, da Arbeit unter Humankapital subsumiert wird. Der Faktor Humankapital wird entlohnt über den Zins. Setzen wir dies in die Nebenbedingung ein, ergibt sich:

$$\dot{k} = r \cdot k - c - \gamma \cdot k = (r - \gamma) \cdot k - c$$

Damit ist die **Hamiltonfunktion** für unser Problem bestimmt:

$$H = \frac{c^{1-\sigma} - 1}{1 - \sigma} + \lambda \cdot [(r - \gamma) \cdot k - c]$$

2. Schritt: Bestimmung der Optimalitätsbedingungen (im Momentanwertverfahren)

Diese sind gegeben und können hier nicht weiter diskutiert werden.

$$\frac{\partial H}{\partial c} = 0$$

$$\frac{\partial H}{\partial k} = \theta \cdot \lambda - \dot{\lambda}$$

$$\frac{\partial H}{\partial \lambda} = \dot{k}$$

(zur Lösung des Problems wird die letzte Gleichung eigentlich nicht benötigt)

3. Schritt: Bildung der partiellen Ableitungen

Nun leiten wir die Hamiltonfunktion nach c, k und λ ab und setzen die Ableitungen gleich den Optimalitätsbedingungen

$$H = \frac{c^{1-\sigma} - 1}{1-\sigma} + \lambda \cdot [(r-\gamma) \cdot k - c]$$

I. $$\frac{\partial H}{\partial c} = \frac{(1-\sigma) \cdot c^{-\sigma}}{1-\sigma} - \lambda = 0$$

II. $$\frac{\partial H}{\partial k} = \lambda \cdot (r-\gamma) = \theta \cdot \lambda - \dot{\lambda}$$

III. $$\frac{\partial H}{\partial \lambda} = (r-\gamma) \cdot k - c = \dot{k}$$

4. Schritt

Wir lösen die Gleichung I nach λ auf:

$$\lambda = \frac{(1-\sigma) \cdot c^{-\sigma}}{1-\sigma}.$$

Wir können um 1-σ kürzen, dies ergibt $\lambda = c^{-\sigma}$. Nun leiten wir diese Gleichung in die Zeit ab:

$$\frac{d\lambda}{dt} = \dot{\lambda}$$

Bei Anwendung der Kettenregel ergibt sich die Ableitung aus dem Produkt von äußerer und innerer Ableitung:

Äußere Ableitung $= -\sigma \cdot c^{-\sigma-1}$

Innere Ableitung $= \dot{c}$

Dies ergibt $\dot{\lambda} = -\sigma \cdot c^{-\sigma-1} \cdot \dot{c}$

5. Schritt

Das Ergebnis aus dem 4.Schritt setzen wir nun in Gleichung II ein und lösen dies nach $\frac{\dot{c}}{c}$ auf.

Gleichung II. müssen wir zunächst ein wenig umformen:

$$r - \gamma - \theta = -\frac{\dot{\lambda}}{\lambda}$$

Nun setzen wir die Gleichungen für λ und $\dot{\lambda}$ aus dem 1.Schritt ein und erhalten:

$$r-\gamma-\theta=-\frac{-\sigma\cdot c^{-\sigma-1}\cdot\dot{c}}{c^{-\sigma}}$$

Wir kürzen $c^{-\sigma}$ und erhalten:

$$r-\gamma-\theta=\sigma\cdot c^{-1}\cdot\dot{c}$$

Dies entspricht:

$$\frac{\dot{c}}{c}=\frac{r-\gamma-\theta}{\sigma}$$

Ergebnis

Die letzte Gleichung zeigt uns im Ergebnis, dass die optimale Wachstumsrate um so größer ist, je kleiner die subjektive Diskontrate und je größer die Grenzproduktivität des Kapitals bzw. je kleiner die Abschreibungsrate.

Begriffe zum Nachlesen

Intertemporale Effizienz im aK-Modell
Optimale Wachstumsrate des Konsums
Subjektive Diskontrate

Wiederholungsfragen

36. Untersuchen Sie die Auswirkungen einer proportionalen Einkommensteuer auf die Wachstumsrate des Konsums. Unterstellen Sie hierbei, dass die Steuereinnahmen für Staatskonsum verwendet werden, der nicht in der Nutzenfunktion der Haushalte berücksichtigt wird. Gehen Sie bei Ihrer Untersuchung wie folgt vor:

a) Formulieren Sie die für diesen Kontext relevante Nebenbedingung (Annahme: die Wachstumsrate der Bevölkerung ist null).

b) Integrieren Sie die Nebenbedingung in die Hamiltonfunktion und bestimmen Sie die Wachstumsrate des Konsums.

c) Interpretieren Sie das Ergebnis.

6. Postkeynesianische Wachstumstheorie

In diesem Kapitel lernen Sie

- das Grundmodell der endogenen Wachstumstheorie und
- die Bestimmungsgründe der Wachstumsrate kennen.

Historisch gesehen, bewegen wir uns mit den beiden folgenden Modellen der postkeynesianischen Wachstumstheorie in die Zeit vor den neoklassischen Modellen und des aK-Modells. Ende der dreißiger Jahre und in den vierziger Jahren des 20. Jahrhunderts wurden die ersten Modelle überhaupt einer eigenständigen Wachstumstheorie entwickelt, die alle auf der keynesianischen Theorie aus der Makroökonomie basierten. Die beiden bekanntesten Modelle der postkeynesianischen Wachstumstheorie waren die Modelle von Domar (1946) und von Harrod (1939). Beide Modelle begründen die postkeynesianische Wachstumstheorie, basieren jedoch auf Annahmen, die zu extrem pessimistischen Prognosen bezüglich des Wirtschaftswachstums und dessen Stabilität führen: (1) ein Steady State kann sich nur rein zufällig ergeben und (2) jegliche Abweichung von diesem würde das Ungleichgewicht verstärken, d.h. die Wachstumsraten für Einkommen und Investitionen entfernen sich von der gleichgewichtigen Wachstumsrate.

Postkeynesianische Wachstumsmodelle sind, wie die keynesianische Fundierung vermuten lässt, nachfrageorientierte Modelle. Grundidee der Modelle ist die Berücksichtigung des Kapazitätseffektes bei einer Erhöhung der Investitionen im keynesianischen Modell. Erinnern wir uns[9]: eine exogene Erhöhung der Investitionen, durch private Investitionen oder durch höhere Staatsausgaben, führt im keynesianischen Modell zu einer um ein vielfaches steigenden Gesamtnachfrage nach Gütern (genannt Einkommens- oder Multiplikatoreffekt). Neuinvestitionen erhöhen aber auch die Produktionskapazitäten. Diese zweite Wirkung, genannt der Kapazitätseffekt, wird in der kurz- bzw. mittelfristigen Betrachtung der Makroökonomik vernachlässigt und ist Mittelpunkt der postkeynesianischen Wachstumsmodelle. Postkeynesianische Wachstumsmodelle können daher auch als dynamisierte keynesianische Modelle in Langzeitbetrachtung bezeichnet werden.

Man kann daher ruhigen Gewissens sagen, dass erst Solow 1956 mit einem auf einer Produktionsfunktion basierenden Wachstumsmodell (unserem bekannten neoklassischen Grundmodell von oben) den Wechsel von einer nachfrageorientierten Wachstumstheorie (der postkeynesianischen) hin zu einer angebotsorientierten Wachstumstheorie (der neoklassischen) vollzog und damit die Wende zur heutigen modernen Wachstumstheorie einleitete. Unterstellt man nämlich, dass langfristig nur jene Güter hergestellt werden, die auch nachgefragt werden (eine sehr realistische Annahme), dann wird das Wachstum einer Volkswirtschaft langfristig durch die Güterproduktion bzw. das Güterangebot und damit durch die Produktionsfunktion bestimmt.

[9] Wellmann/Hünseler: Makroökonomik, erschienen in der gleichen Reihe.

Der Schritt zur Angebotsorientierung war für die wissenschaftliche Betrachtung der Wachstumstheorie daher ein sehr wichtiger Schritt und für die weitere Entwicklung der Wachstumstheorie ein notwendiger Schritt. Nichtsdestotrotz möchten wir die beiden Modelle von Domar und Harrod in ihren Grundzügen vorstellen, auch weil diese Modelle an einigen Universitäten Inhalt von Vorlesungen und Prüfungen sind. Auf eine tiefergehende Betrachtung und auf die Berücksichtigung von Modellvariationen, die nach Domar und Harrod auch von anderen Autoren entwickelt wurden, soll aber verzichtet werden. Wir beschränken uns daher auf eine Skizzierung der ursprünglichen Modelle von Domar und Harrod.

Bevor wir nun mit dem Domar Modell beginnen werden, möchten wir aber auf einen weiteren wichtigen Unterschied zwischen den postkeynesianischen Modellen und den neoklassischen Modellen hinweisen. Untersuchungsgegenstand des neoklassischen Solow-Modells und des aK-Modells war die Wachstumsrate des Pro-Kopf-Einkommens und dessen Stabilität. Solow und die anderen Vertreter der neoklassischen Wachstumstheorie seiner Zeit haben früh erkannt, dass das absolute und das relative Wachstum des Gesamteinkommens erst im Vergleich mit der Wachstumsrate der Bevölkerung Aussagekraft erhält; daher die Fokussierung auf Pro-Kopf-Größen. Untersuchungsgegenstand der folgenden postkeynesianischen Modelle ist jedoch ausschließlich die Wachstumsrate des Gesamteinkommens, eine Pro-Kopf-Betrachtung wurde nicht vorgenommen bzw. war aufgrund der Basierung der Modelle auf dem keynesianischen Modell auch gar nicht möglich.

6.1. Das Domar Modell

6.1.1. Grundelemente des Modells

Beginnen wir wiederum mit der Beschreibung der Grundelemente des Modells und stellen anschließend die Fragestellungen vor.

1. Basis auf der Nachfrageseite ist eine Volkswirtschaft entsprechend dem keynesianischen Modell aus der Makroökonomie, d.h. wir befinden uns in einer geschlossenen 1-Gut Volkswirtschaft ohne Staat mit konstanter Spar- und Konsumquote, konstantem Zinssatz und konstanten Güterpreisen (beides durch entsprechende Geldpolitik der Zentralbank).

2. Die Sparfunktion lautet: $S = s' \cdot Y$ mit s' = marginale Sparquote.

3. Im Gegensatz zum keynesianischen Modell nehmen wir jedoch eine linear-limitationale Produktionsfunktion mit den beiden Produktionsfaktoren Arbeit und Kapital an. Die Produktivität beider Faktoren ist konstant. Kurze Wiederholung aus der Mikroökonomie: bei einer limitationalen Produktionsfunktion ist eine Substitution der Produktionsfaktoren nicht oder nur beschränkt möglich, eine Ausdehnung der Produktion ist daher nur durch den vermehrten Einsatz beider Produktionsfaktoren möglich. Bei einer linear-limitationalen Produktionsfunktion steigt die Ausbringungsmenge entsprechend dem vermehrten Einsatz der Produktionsfakto-

ren, eine Verdopplung beider Produktionsfaktoren führt beispielsweise zu genau einer Verdopplung der Ausbringungsmenge[10]. Zudem gilt bei linear-limitationalen Produktionsfunktionen:

$$Kapitalproduktivität = \frac{1}{Kapitalkoeffizient}$$

und

$$Arbeitsproduktivität = \frac{1}{Arbeitskoeffizient}.$$

4. Wir verzichten aus Gründen der Übersicht auf Abschreibungen. Es gilt daher, dass alle Investitionen Nettoinvestitionen sind und damit der Erhöhung des Kapitalbestandes entsprechen: $\dot{K} = I$. Der Kapitalstock K ergibt sich somit aus der Summe der Investitionen der Vergangenheit. Die Höhe der Investitionen wiederum wird durch die Ersparnisse S bestimmt: $I = S$, eine Investitionsfunktion im eigentlichen Sinne existiert nicht.
5. Vom Technischen Fortschritt sehen wir ab, die Bevölkerung wächst mit der Rate n.

Existiert unter diesen Annahmen und unter der Voraussetzung der vollständigen Auslastung der Produktionskapazitäten (d.h. Gesamteinkommen = Produktionspotential) eine Steady State? Findet die Volkswirtschaft nach einem exogenen Schock auf den gleichgewichtigen Wachstumspfad zurück? Dies sind die Fragen, die wir, wie bei den neoklassischen Modellen, im Folgenden beantworten wollen.

6.1.2. Entwicklung zum stationären Zustand (Steady State)

Auf Basis der gerade getroffenen Annahmen ergeben sich folgende Funktionen:

- Linear-limitationale Produktionsfunktion: $Y = \min(\alpha L, \beta K)$ mit β= konstanter (da linear-limitationale Funktion) Produktivitätskoeffizient des Kapitals und α = konstanter Produktivitätskoeffizient der Arbeit.
- Sparfunktion: $S = s \cdot Y$ aus dem keynesianischen Modell
- Investitionen: $I = k \cdot \dot{Y}$ im Gleichgewicht (Achtung: k bezeichnet in den postkeynesianischen Modellen den Kapitalkoeffizienten, d.h. das Verhältnis K/Y und nicht, wie in den Solow-Modellen und dem aK-Modell die Kapitalintensität), da $I = \dot{K}$

[10] Zu den Details limitationaler Produktionsfunktionen siehe auch: Grote/Wellmann: Mikroökonomie.

- $\beta = \frac{1}{k}$ bei Normalauslastung der Kapazitäten. K ist technologisch durch die Kapitalproduktivität bestimmt (wenn Ihnen dieser Zusammenhang nicht klar ist, denken Sie kurz in Ruhe darüber nach).

Wann wächst eine solche Volkswirtschaft nun gleichgewichtig (Steady State)? Diese Volkswirtschaft wächst genau dann gleichgewichtig, wenn die zusätzliche Nachfrage, verursacht durch den Multiplikatoreffekt der Investitionen in jeder Periode genau durch die neu entstandenen Kapazitäten eben jener Investitionen produziert werden können. Formal ist dies der Fall, wenn der Multiplikatoreffekt von der Höhe her dem Kapazitätseffekt entspricht. Bestimmen wir nun zunächst die beide Effekte:

<u>Multiplikatoreffekt (Einkommenseffekt):</u> $Y = \frac{1}{s} \cdot I$ als Differenzial, d.h. als Veränderung pro Periode ergibt sich dann: $\dot{Y} = \frac{1}{s} \cdot \dot{I}$. Den Einkommensmultiplikator sollten Sie noch aus der Makroökonomie kennen und auch herleiten können. Falls nicht, Wellmann/Hünseler, Makroökonomik, erschienen in der gleichen Reihe).

<u>Kapazitätseffekt</u>: Um wie viel steigt die Produktionskapazität in einer Periode? Dies ist die absolute Erhöhung des Kapitalstocks ($\dot{K}$). Multiplizieren wir diesen mit dem Produktionskoeffizienten α, der uns angibt um wie viel das Einkommen bei Erhöhung des Kapitalbestandes um 1 steigt, ergibt sich die absolute Erhöhung der Produktionskapazitäten: $\dot{Y}_{\text{Produktionskapazität}} = \beta \cdot \dot{K}$. Da wir von einer Abnutzung des Kapitalbestandes absehen, d.h. keine Abschreibungen, gilt ja $I = \dot{K}$. Wenn wir dies und den Zusammenhang $\beta = \frac{1}{k}$ in die Gleichung einsetzen, erhalten wir:

$$\dot{Y}_{\text{Produktionskapazität}} = \frac{1}{k} \cdot I$$

<u>Steady State:</u> Wir haben oben festgestellt, das Wachstum ist gleichgewichtig, wenn der Einkommens- gleich dem Kapazitätseffekt ist (zur Erinnerung: wir suchen die Bedingungen für den Steady State bei voller Auslastung des Produktionspotentials). Daher gilt im Gleichgewicht:

$$\dot{Y} = \dot{Y}_{\text{Produktionskapazität}}$$

bzw. nach Einsetzen der jeweiligen Gleichungen

$$\frac{1}{s'} \cdot \dot{I} = \frac{1}{k} \cdot I$$

Nach kurzer Umformung ergibt sich: $\frac{\dot{I}}{I} = \frac{s'}{k}$

Zur langfristigen Normalauslastung der Produktionsfaktoren müssen die Investitionen und damit auch das Gesamteinkommen mit der Rate $\frac{s'}{k}$ wachsen. Ebenso muss, unsere Volkswirtschaft produziert ja unter limitationalen Produktionsbedingungen, die Bevölkerung genau mit der Rate $\frac{s'}{k}$ wachsen. Ist n > $\frac{s}{k}$ wächst die Unterbeschäftigung, ist n < $\frac{s'}{k}$ können Investitionen und Gesamteinkommen nicht mit der Rate $\frac{s'}{k}$ wachsen, da die Arbeitskräfte zu einer solchen Ausdehnung der Produktion fehlen und diese ja eben nicht durch Kapital ersetzt werden können. Wir sehen, nur bei einer Wachstumsrate von Bevölkerung, Investitionen und Gesamteinkommen von $\frac{s'}{k}$ ist gewährleistet, dass die Nachfrageerhöhung $\frac{1}{s'} \cdot \dot{I}$ in der kommenden Periode genau mit Hilfe des erhöhten Kapitalbestandes $\dot{K}$ (der die Kapazität $\frac{1}{k} \cdot \dot{K}$ bzw. $\frac{1}{k} \cdot I$ besitzt) produziert werden kann.

Bsp:

s' = 0,2 (20% des Einkommens wird gespart)

k = 0,166 und damit β = 6 (der Kapitalbestand beträgt 16 % des Gesamteinkommens bzw. mit einer Einheit Kapital werden 6 Einheiten Einkommen in jeder Periode erstellt, unter der Voraussetzung, dass die entsprechende Beschäftigung zur Verfügung steht)

Die gleichgewichtige Wachstumsrate ist somit $\frac{s'}{k}$ = 1,25, d.h. alle Größen müssen jährlich um genau 25% wachsen, damit die Nachfrageerhöhung durch den Einkommensmultiplikator ($\frac{1}{s'}$= 5) genau mit dem neugeschaffenen Kapital (β= 6-fach) produziert werden kann.

Ökonomische Erklärung

(1) je größer die Sparquote s ist, desto geringer ist der Multiplikatoreffekt. Die Investitionen müssen daher umso stärker steigen, um die gestiegene Kapazität durch die höhere Güternachfrage auszulasten. Umso höher ist daher das gleichgewichtige $\frac{s'}{k}$.

(2) je höher die Kapitalproduktivität β, desto größer sind die neugeschaffenen Kapazitäten $\beta \cdot \dot{K}$ und desto größere Investitionen sind notwendig um die Gesamtnachfrage durch den Multiplikator auch entsprechend zu erhöhen. Spielen Sie diese beiden Aussagen gedanklich in Ruhe mit dem Beispiel oben durch.

6.1.3. Zur Stabilität des Steady State

Im Folgenden wollen wir untersuchen was geschieht, wenn die Gesamteinkommen, Investitionen und Bevölkerung mit einer anderen Rate als $\frac{s'}{k}$ wächst. Gibt es eine grundsätzliche Tendenz zum Gleichgewicht? Wenn nicht, wäre es ja ein sehr großer Zufall, wenn die Volkswirtschaft genau mit der Rate $\frac{s'}{k}$ wachsen würde.

Nehmen wir an, die tatsächliche Wachstumsrate von Gesamteinkommen, Investitionen und Bevölkerung ist größer $\frac{s'}{k}$. In diesem Fall liegt eine Überauslastung der Produktionskapazitäten (es wird mehr produziert als mit der gleichgewichtigen Kapitalausstattung möglich ist). Die Unternehmer werden, aufgrund der hohen Güternachfrage, die Investitionen (und damit auch die Nachfrage nach Investitionsgütern) erhöhen. Die tatsächliche Wachstumsrate steigt und die Differenz zur gleichgewichtigen nimmt sogar zu anstatt ab. Die Volkswirtschaft ist somit bezüglich eines gleichgewichtigen und damit konstanten Wachstums extrem instabil. Die Sparquote s wird durch das Konsumverhalten der Haushalte bestimmt und der Kapitalkoeffizient k ist durch die Produktionsfunktion technisch bestimmt. Beide Größen ändern sich auch bei Abweichungen vom Steady State nicht und schon geringfügige Abweichungen vom Steady State führen langfristig von diesem weg.

6.1.4. Fazit und Kritik

Ein Steady State würde sich somit im gerade beschriebenen Domar Modell nur rein zufällig ergeben und jegliche Abweichung vom gleichgewichtigen Wachstumspfad führt langfristig von diesem weg. Daher wird dieses Gleichgewicht in der Literatur auch „Wachstum auf Messers Schneide" genannt.

Wie kommt es nun zu diesem doch recht unbefriedigenden Ergebnis? Einmal verzichtet Domar auf eine verhaltensabhängige Investitionsfunktion. Die Höhe der Investitionen wird im Domar Modell nicht von den Unternehmern sondern von den Konsumenten über die Höhe der Ersparnisse bestimmt. Die Haushalte setzen ihre Konsumwünsche durch, der Rest der Güterproduktion wird investiert (I = S). Modellvariationen anderer Autoren[11] nehmen vom Unternehmerverhalten bestimmte Investitionen an und kommen daraufhin auch zu stabilen Ergebnissen.

Zweite Ursache für das instabile Ergebnis ist die fehlende Substituierbarkeit der Produktionsfaktoren Arbeit und Kapital. Diese Substituierbarkeit ist Kern der neoklassischen Modellen.

Kritisch anzumerken ist zudem die fehlende Berücksichtigung des Bevölkerungswachstums bei Domar. Aufgrund der angenommenen Limitationalität der Produktionsfunktion kann ein zu geringes Bevölkerungswachstum einen Engpass darstellen. Auch dies wird in Modellvariationen anderer Autoren berücksichtigt[12].

6.2. Das Harrod Modell

6.2.1. Grundelemente des Modells

Grundannahmen und Fragestellungen sind ähnlich denen im Domar Modell. Beide Modelle basieren, wie oben schon angeführt, auf dem keynesianischen Modell der Makroökonomie.

Beginnen wir wiederum mit der Beschreibung der Grundelemente des Modells und stellen anschließend die Fragestellungen vor.

1. Basis auf der Nachfrageseite ist eine Volkswirtschaft entsprechend dem keynesianischen Modell aus der Makroökonomie, d.h. wir befinden uns in einer geschlossenen 1-Gut Volkswirtschaft ohne Staat mit konstanter Spar- und Konsumquote, konstantem Zinssatz und konstanten Güterpreisen (beides durch entsprechende Geldpolitik der Zentralbank).
2. Die Sparfunktion lautet: $S = s' \cdot Y$ mit s′ = marginale Sparquote.
3. Es existieren ausreichend freie Kapazitäten, sodass im Verlauf des Multiplikatorprozesses das Preisniveau unverändert bleibt.
4. Der Kapitalkoeffizient k ergibt sich aus dem Unternehmerverhalten und dem technischen Fortschritt.
5. Wir verzichten aus Gründen der Übersicht auf Abschreibungen. Es gilt daher, dass alle Investitionen Nettoinvestitionen sind und damit der Erhöhung des Kapitalbestandes entsprechen: $\dot{K} = I$. Der Kapitalstock K er-

[11] Z.B. Meier/Ströbele und Norbert Reetz, Konjunktur und Wachstum, Online Version, 6. Auflage.

[12] Wiederum Reetz, Kapitel 5, jedoch sehr mathematisch.

gibt sich somit aus der Summe der Investitionen der Vergangenheit. Die Höhe der Investitionen wiederum wird durch die Ersparnisse S bestimmt: $I = S$, eine Investitionsfunktion im eigentlichen Sinne existiert nicht.

6. Die Bevölkerung wächst mit der Rate n.

Existiert unter diesen Annahmen und unter der Voraussetzung der vollständigen Auslastung der Produktionskapazitäten (d.h. Gesamteinkommen = Produktionspotential) eine Steady State? Findet die Volkswirtschaft nach einem exogenen Schock auf den gleichgewichtigen Wachstumspfad zurück? Dies sind die Fragen, die wir, wie bei oben auch bei Domar, im Folgenden beantworten wollen.

6.2.2. Entwicklung zum stationären Zustand (Steady State)

Auf Basis dieser Annahmen ergeben sich folgende Funktionen:

- Sparfunktion: $S = s \cdot Y$
- Investitionen: $I = k \cdot \dot{Y}$ mit k = gewünschter Kapitalkoeffizient der Unternehmen.

Die weiteren Erklärungen zum Harrod Modell sind ähnlich denen von Domar, formal sehen die Modelle identisch aus, sie folgen aber jeweils einer anderen Erklärung. Der wesentliche Unterschied der Erklärung zu der von Domar liegt in der Definition des Kapitalkoeffizienten k. Bei Domar technologisch durch die Kapitalproduktivität bestimmt, wird der Kapitalkoeffizient bei Harrod durch das Unternehmerverhalten und den technischen Fortschritt bestimmt. Der tatsächliche Kapitalkoeffizient ist nicht fest, sondern kann in ungleichgewichtigen Situationen variieren, da er sich aus den tatsächlich beobachteten Werten ergibt.

Lösen wir das Problem zunächst kurz formal: Da bei einem gleichgewichtigen Wachstum der Volkswirtschaft I = S gilt, können wir die beiden Gleichungen oben hier einsetzen und auch leicht umformen:

$$s' \cdot Y = k \cdot \dot{Y} \text{ und er ergibt sich } \frac{\dot{Y}}{Y} = \frac{s'}{k}$$

als Wachstumsrate, bei der alle Wirtschaftspläne der Unternehmer voll erfüllt werden. Diese Wachstumsrate wird als befriedigende Wachstumsrate bezeichnet (bei Harrod: warranted growth = g_w). Die Unternehmen werden sich bemühen, gerade diese Rate aufrecht zu erhalten, da ja dann ihre Pläne erfüllt werden. Nehmen wir die Sparquote als exogen an, wird diese Wachstumsrate nur bei einem bestimmten Kapitalkoeffizienten erreicht wird, bei $k_r = \frac{s'}{g_w}$ mit k_r = erforderlicher Kapitalkoeffizient (bei Harrod: required capital output ratio). Die befriedigende Wachstumsrate ist somit nur dann aufrecht zu erhalten, wenn der Kapitalkoeffizient den Wert k_r annimmt (Anmerkung: Nach Harrod ist diese Wachstumsrate durch die so genannte natürliche Wachstumsrate, die Summe aus Bevölkerungswachstum und technischem Fortschritt, nach oben hin begrenzt.)

6.2.3. Zur Stabilität des Steady State

Nun müssen wir der Frage nachgehen, unter welchen Umständen das tatsächliche Wachstum dieser gleichgewichtigen Wachstumsrate entspricht und ob das gleichgewichtige Wachstum stabil ist und nach Störungen wieder zum gleichgewichtigen Wachstum zurückfindet. Ist die tatsächliche Wachstumsrate größer als die befriedigende, dann ist bei exogener Sparquote der tatsächliche Kapitalkoeffizient k kleiner als der für ein gleichgewichtiges Wachstum erforderliche Kapitalkoeffizient k_r. Daher betrachten die Unternehmer den Kapitaleinsatz als zu gering (zur Erinnerung: im Harrod Modell nehmen wir eine verhaltensabhängige Investitionsgüternachfrage an) und werden die Investitionen erhöhen. Die schon über der gleichgewichtigen liegende Wachstumsrate steigt damit weiter, Harrod kommt wie Domar zum Ergebnis eines „Wachstums auf Messers Schneide".

Dieses Ergebnis ist bei Harrod abhängig von den Annahmen zum Investitionsverhalten der Unternehmer. Es sind durchaus stabile Varianten mit alternativen Investitionsfunktionen denkbar. Diese vorzustellen würde aber den Rahmen einer Einführung in die Wachstumstheorie sprengen.

6.2.4. Fazit und Kritik

Harrod kommt grundlegend zum gleichen unbefriedigenden Ergebnis wie Domar, es existiert zwar eine gleichgewichtige Wachstumsrate, die Volkswirtschaft findet jedoch nach Störungen nicht zu dieser Rate zurück bzw. entfernt sich im Gegenteil von ihr (Wachstum auf Messers Schneide).

In Weiterentwicklungen beider Modelle (das Domar Modell mit alternativer Produktionsfunktion und das Harrod Modell mit alternativer Investitionsfunktion sind jedoch auch stabile Varianten entwickelt worden.

Begriffe zum Nachlesen

Einkommenseffekt	Steady State
Wachstum auf Messers Schneide	Befriedigende Wachstumsrate
Erforderlicher Kapitalkoeffizient	Kapazitätseffekt

Wiederholungsfragen

37. Nennen Sie die Annahmen der postkeynesianischen Wachstumsmodelle. Beschreiben Sie insbesondere die Produktionstechnik genauer.

Mathematischer Anhang

Aus unserer langjährigen Erfahrung als Dozenten für Volks- und Betriebswirtschaftslehre kennen wir die Probleme vieler Studierenden mit der so heiß geliebten „Mathematik“. Besonders betroffen sind die Studierenden, die Mathematik als Schulfach schon vor längerer Zeit abgewählt haben.

Die Angst vor der in Volks- und Betriebswirtschaftslehre notwendigen und scheinbar unumgänglichen Mathematik ist aus unserer Sicht extrem überzogen. Ursachen sind zum einen der doch wohl sehr mathematische Unterrichtsstil vieler Dozenten der mikro- und makroökonomischen Theorien und zum anderen ein völliges Missverständnis darüber, was „mathematisch“ in den Wirtschaftswissenschaften verlangt wird. Wenn man als Fächer im Hauptstudium nicht gerade Statistik, Finanzwirtschaft oder Industriebetriebslehre wählt, reicht es aus, wenn man in der Lage ist, Aufgaben mit Hilfe der Differentialrechnung zu lösen, Gleichungen umzuformen und aufzulösen. Aber man muss keine mathematischen Beweise führen. Die in der Mikro- und Makroökonomie notwendigen mathematischen Fähigkeiten bleiben immer weit unterhalb des Niveaus eines Mathematik-Leistungskurses in der Schule.

Daher werden wir auf den nächsten Seiten keinen mathematischen Nachhilfeunterricht geben, wir wollen Sie aber fit machen zum Lösen der typischen Aufgabenstellungen in der Makroökonomie. Wir werden Ihnen anhand formaler und graphischer Darstellung das Verständnis für Funktionen vermitteln und wir zeigen Ihnen, wie man ableitet.

Arbeiten Sie die folgenden Seiten in Ruhe durch. Wir sind sicher, dass Sie am Ende in der Lage sind, auch ohne mathematische Vorkenntnisse, die notwendigen mikroökonomischen Grundlagen und die üblichen makroökonomischen Aufgaben zu lösen. Viel Spaß!

1. Funktionen

Eine Funktion beschreibt eine Beziehung zwischen Zahlen in der Form, dass jede Zahl x, entsprechend einer Regel, eine eindeutige Zahl y bestimmt. In der Funktion $y = 2 \cdot x$ bestimmt jede Zahl x ein y in Höhe von $2 \cdot x$, d.h. ist $x = 3$ folgt daraus $y = 6$ usw.

Die Variable y wird in einer solchen Funktion oft als die abhängige Variable und die Variable x als die unabhängige Variable bezeichnet. Änderungen von x sind unabhängig von allen Größen der Funktion, Änderungen der Variablen y hängen dagegen direkt von x ab.

Wir müssen aber zwischen ökonomischer und mathematischer Abhängigkeit unterscheiden. In der Nachfragefunktion $x = (p)$ ist die Nachfragemenge x zweifelsfrei ökonomisch abhängig von der Höhe des Preises p. Bei Indifferenzkurven z.B. ist x_1

allerdings unabhängig von x_2. Wir mögen vielleicht die Nutzenfunktion nach x_1 auflösen und nach x_2 ableiten und formulieren damit eine mathematische Abhängigkeit, nichtsdestotrotz gibt es keine kausale ökonomische Abhängigkeit des Konsums des Gutes 1 von Gut 2 und umgedreht.

1.1. Arten von Funktionen

Wir wollen zunächst die Funktion von oben, $y = 2 \cdot x$, graphisch in einem Koordinatensystem darstellen. Im Mathematikunterricht in der Schule werden Sie gelernt haben (falls Sie sich noch daran erinnern), die unabhängige Variable (unser x) auf der horizontalen Achse darzustellen und die abhängige Variable (unser y) auf der vertikalen. In der Ökonomie ist dies meistens, aus welchen Gründen auch immer, genau anders herum.

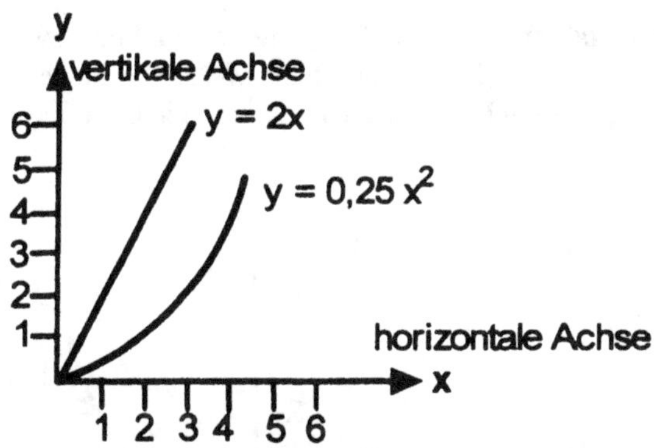

Abbildung M – 1: lineare und quadratische Funktionen

Eine Bemerkung noch zu den Achsen: Die horizontale Achse ist die *Abszisse* (das z ist das gleiche wie in horizontal), die vertikale Achse ist die *Ordinate* (das t weist in die richtige Richtung).[13]

Schauen wir uns zunächst die Funktion $y = 2 \cdot x$ in Abbildung M - 1 an. Die Funktion hat einen geraden (linearen) Verlauf. Formal erkennt man das daran, dass die unabhängige Variable den Exponenten 1 hat (wird kein Exponent bei x dargestellt entspricht dies einer 1).

Die Funktion $y = 0{,}25 \cdot x^2$ ordnet jedem x-Wert den y - Wert $0{,}25 \cdot x \cdot x$ zu und ist keine lineare Funktion mehr. Besitzt die unabhängige Variable einen Exponenten größer 1, biegt sich die Funktion nach oben, hat sie einen Exponenten kleiner 1, biegt sie sich nach unten. Steht vor der unabhängigen Variablen ein Minus, hat die Funktion eine negative Steigung, d.h. sie verläuft von links oben nach rechts unten. Taucht die unabhängige Variable mehrmals mit unterschiedlichen Exponenten

[13] Ohne solche Eselsbrücken wären die Autoren aufgeschmissen.

und/oder Vorzeichen in der Funktion auf, kann sich der Verlauf bezüglich Steigung und Biegung im Verlauf der Funktion ändern.

Unsere beiden Funktionen oben besitzen jeweils nur eine unabhängige Variable. Funktionen können auch mehr als eine unabhängige Variable haben. Nutzenfunktionen aus der Mikroökonomie sind hierfür ein Beispiel.

1.2. Steigungen

Die Änderungsrate einer Funktion ist das Verhältnis der Änderung der abhängigen Variable zur Änderung der unabhängigen Variable. Nehmen wir als Beispiel zunächst die Funktion $y = 2 \cdot x$, für $x = 1$ ist $y = 2$ und für $x = 3$ ist $y = 6$, d.h. steigt x von 1 auf 3, also um 2, nimmt y von 2 auf 6, also um 4 zu, die Änderungsrate, das Verhältnis der Änderung von y zur Änderung von x, ist somit 2 (4/2 = 2).

Graphisch ist die Änderungsrate die Steigung der Funktion zwischen den Punkten x=1/y=2 (A) und x=3/y=6 (B) in Abbildung M-2a. Da dies eine lineare Funktion ist, ist die Steigung in allen Punkten der Funktion gleich groß.

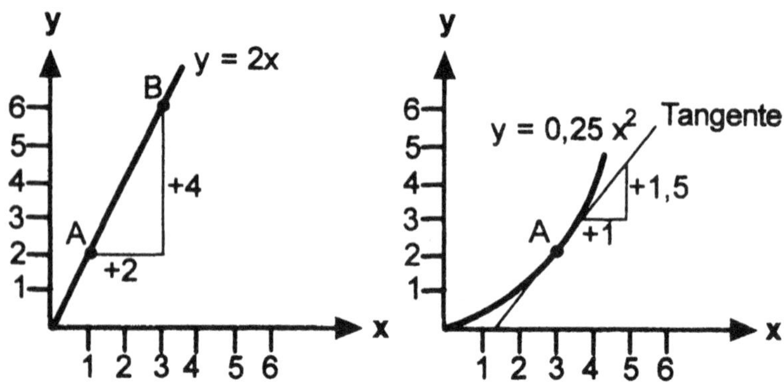

Abbildung M – 2a) + 2b): Graphische Ermittlung der Steigungen

Bei nicht linearen Funktionen ändert sich die Steigung mit der Änderung von x. Um die Änderungsrate an einem Punkt zu messen, kann man eine Tangente an diesen Punkt anlegen. Die Tangente hat dann die gleiche Steigung wie die nicht lineare Funktion im Berührungspunkt. Die Funktion $y = 0{,}25x^2$ in Abbildung M - 2b hat im Punkt A ($x = 3$) die Steigung 1,5.

Bei beiden Funktionen haben x- und y-Änderungen immer das gleiche Vorzeichen, steigt x, dann steigt auch y, fällt x, dann fällt auch y. Änderungsrate und Steigung der Funktionen sind immer positiv. Verläuft eine Funktion oder der Abschnitt einer Funktion graphisch von links oben nach rechts unten, haben x - und y - Änderung für die gesamte Funktion oder auch nur für diesen bestimmten Abschnitt ein negatives Vorzeichen, die Steigung der Funktion ist durchgängig oder nur im entsprechenden Abschnitt negativ.

1.3. Ableitungen

Die *1. Ableitung* einer Funktion ist die Änderung der abhängigen Variablen (oben y), bei einer Änderung der unabhängigen Variablen (oben x) gegen 0, also bei einer unendlich kleinen Änderung der unabhängigen Variablen. Die Ableitung ist die Steigung in einem Punkt der Funktion und nicht auf einer Strecke der Funktion. Die Interpretation ist ähnlich: Die Änderungsrate ist die absolute Änderung der abhängigen Variablen bei Änderung der unabhängigen Variablen um eine unendlich kleine Einheit. Bei linearen Funktionen ist die Ableitung konstant, und zwar die Größe vor dem x der Funktion. Bei der Funktion y = 2x ist die Ableitung daher

$$\frac{dy}{dx} = 2,$$

d.h. y steigt, unabhängig davon an welcher Stelle der Funktion man ist, immer um 2 pro Änderung einer Einheit x, bei einer unendlichen kleinen Änderung von x.

Die *2. Ableitung* einer Funktion ist die Ableitung der Ableitung. Sie misst, wie sich das y in der 1. Ableitung nach x ändert, d.h. welche Krümmung die Funktion hat, linear, abflachend oder steigend. Bei linearen Funktionen ist die 2. Ableitung 0, da die Änderungsrate konstant ist und die Funktion keine Krümmung hat. Verläuft die Funktion immer steiler, wie in Abbildung M - 2b, wird die Änderungsrate (1. Ableitung) immer größer und die 2. Ableitung ist positiv. Würde die Funktion abflachen, wäre die 2. Ableitung negativ, da die Änderungsrate abnimmt. Dies muss nicht unbedingt für die gesamte Funktion gelten.

Partielle Ableitungen werden bei Funktionen mit mehr als einer Variablen gebildet. Beispiel für eine solche Funktion ist die Nutzenfunktion der Konsumentscheidung $U = f(x_1, x_2)$, abhängige Variable ist der Nutzen U, dessen Höhe vom Konsum der Mengen Gut 1 und Gut 2 abhängt. Die partielle Ableitung $\frac{\partial U}{\partial x_1}$ ist die Änderungsrate der abhängigen Variablen U, bei einer unendlich kleinen Änderung der Variablen x_1, bei unveränderter Variable x_2. Damit direkt erkennbar ist, dass es sich um eine partielle Ableitung handelt, wird das griechische ∂ (Delta) anstatt dem lateinischen d als Zeichen für den Differentialquotienten genommen. Die Interpretation der 1. und 2. partiellen Ableitung ist die gleiche wie bei Funktionen mit einer Variablen.

1.4. Ableitungsregeln

Nun kommt der Teil, der für das Lösen von Aufgaben entscheidend ist, die Bildung der Ableitungen für unterschiedliche Funktionen. Das Ganze geht nach folgenden Prinzipien:

- **Alle Teile einer Funktion, die durch ein + oder - getrennt sind, werden einzeln abgeleitet.**

- Dabei wird der Exponent über dem x vor das x geholt und der Exponent wird um 1 verringert. Alle Teile einer Funktion, ohne die Variable x, werden damit automatisch 0, bei allen Teilen mit x (dies entspricht x^1) verschwindet das x ($x^{1-1} = x^0 = 1$). Daher entspricht bei linearen Funktionen die Ableitung immer dem Wert, mit dem x multipliziert wird. Steht als Exponent ein Bruch ($x^{1/2}$) wird der Exponent negativ.
- Außerdem sollte man die Exponentialrechnung einigermaßen beherrschen. Speziell die folgenden Zusammenhänge:

$$\frac{1}{x^{1/2}} = x^{-1/2}$$

$$x^2 \cdot x^3 = x^5$$

$$x^6/x^4 = x^2$$

Beispiele

Funktion	**1. Ableitung**	**2. Ableitung**
$y = 3x + 50$	$\frac{dy}{dx} = 3$	$\frac{d^2y}{dx^2} = 0$
$y = 40 - 4x$	$\frac{dy}{dx} = -4$	$\frac{d^2y}{dx^2} = 0$
$y = 3x^2 + 50$	$\frac{dy}{dx} = 6x$	$\frac{d^2y}{dx^2} = 6$
$y = 2x^6 + 5x^3 + 50$	$\frac{dy}{dx} = 12x^5 + 15x^2$	$\frac{d^2y}{dx^2} = 60x^4 + 30x$
$y = x^{3/4}$	$\frac{dy}{dx} = \frac{3}{4x^{1/4}}$	$\frac{d^2y}{dx^2} = -\frac{3}{16x^{5/4}}$
$y = \frac{3}{x^{2/3}}$	$\frac{dy}{dx} = -\frac{2}{x^{5/3}}$	$\frac{d^2y}{dx^2} = \frac{10}{3x^{8/3}}$

Partielle Ableitungen (nur jeweils die 1. Ableitungen)

$y = 3x_1 - 5x_2 + 50$	$\frac{\partial y}{\partial x_1} = 3$	und	$\frac{\partial y}{\partial x_2} = -5$
$y = 3x_1x_2^2 - 5x_2 + 50$	$\frac{\partial y}{\partial x_1} = 3x_2^2$	und	$\frac{\partial y}{\partial x_2} = 6x_1x_2 - 5$

Produktregel / Quotientenregel

Ein wenig schwieriger wird es im Falle der multiplikativen Verknüpfung von Teilfunktionen, die beide von x abhängen. Beispiel ist die Erlösfunktion eines Monopolisten:

Allgemein $E = p(x) \cdot x$

Beispiel: $E = (5 - x) \cdot x$

Man kann nun einfach die Klammer auflösen und wie oben ableiten (dieses Vorgehen ist bis auf sehr wenige Ausnahmen eigentlich immer ausreichend):

$E = (5 - x) \cdot x = 5x - x^2$ $$\frac{dE}{dx} = 5 - 2x$$

Korrekt ist die Anwendung der *Produktregel*. In diesem Fall wird nach der Regel $\frac{dE}{dx} = \frac{dp}{dx} \cdot x + p(x) \cdot \frac{df}{dx}$ abgeleitet, wobei df/dx die Ableitung des rechten Teils außerhalb der Klammer ist. Also einfach Ableitung des Teils in der Klammer mal Teil rechts außerhalb der Klammer + die Klammer mal Ableitung Teil rechts außerhalb der Klammer. Noch mal das gleiche Beispiel:

$E = (5 - x) \cdot x$ $$\frac{dE}{dx} = -1 \cdot x + (5 - x) \cdot 1 = 5 - 2x$$

Im folgenden Beispiel werden Sie sehen, dass Sie weitaus schneller ableiten, wenn Sie die Klammern auflösen und gar nicht erst die Produktregel anwenden (Versuchen Sie bitte beides).

$y = (5x - x^2)(x^3 - 8x)$ $$\frac{dy}{dx} = -80x + 24x^2 + 20x^3 - 5x^4$$

Quotientenregel wird das Ganze genannt, wenn die Terme einen Bruch darstellen. Die Regel wird genauso angewendet, der Teil oberhalb des Bruchs entspricht dem linken Teil oben und der Teil unterhalb des Bruchstriches dem rechten. Man kann auch alle Teile der Funktion oberhalb des Bruches schreiben und die Produktregel anwenden.

Beispiel: $E = \frac{(5 - x)}{x}$ $$E = -\frac{1}{x} - \frac{(5 - x)}{x^2}$$

Ohne Bruchstrich entspricht dies: $E = (5 - x) \cdot x^{-1}$. Wenn jetzt die Produktregel angewendet wird, ergibt sich dieselbe Ableitung.

Kettenregel

Letzte Regel, auf die durch Auflösen der Klammer bei einfachen Aufgaben auch verzichtet werden kann, ist die *Kettenregel.* Lautet die Funktion z.B. $y = (5 - x)^2$, so wird nach der Regel abgeleitet: Äußere Ableitung (Exponent der Klammer vor die Klammer setzen und mit der Klammer multiplizieren, die Klammer hoch alter Exponent – 1) mal Innere Ableitung (Ableitung innerhalb der Klammer). Beispiel:

$y = (5 - x)^2$ $\qquad \frac{dy}{dx} = 2 \cdot (5 - x)^1 \cdot (-1) = 2x - 10$

Auch in diesem Fall kann durch Auflösen auf die spezielle Regel (Kettenregel) verzichtet werden:

$y = (5-x)^2 = (5-x) \cdot (5-x) = 25 - 10x + x^2$ $\qquad \frac{dy}{dx} = 2x - 10$

Noch ein Beispiel zur Kettenregel:

$y = (10 - x^2)^5$ $\qquad \frac{dy}{dx} = 5(10 - x^2)^4(-2x) = -10x(10 - x^2)^4$

In diesem Fall ist das Auflösen der Klammer wohl zeitraubender.

2. Optimierung ohne Nebenbedingungen

Bei $y = f(x)$ erreicht y sein *Maximum,* wenn die 1. Ableitung gleich null (Bedingung 1. Ordnung) und die 2. Ableitung ≤ 0 (Bedingung 2. Ordnung) ist.

Bei $y = f(x)$ erreicht y sein *Minimum,* wenn die 1. Ableitung gleich null (Bedingung 1. Ordnung) und die 2. Ableitung ≥ 0 (Bedingung 2. Ordnung) ist.

Bei Funktionen mit mehreren Variablen z.B. $y = f(x_1, x_2)$ erreicht y sein Maximum (Minimum), wenn alle partiellen 1. Ableitungen gleich null sind und die 2. Ableitungen ≤ 0 (≥ 0) sind.

Drei Beispiele:

1. Bei welcher Menge x ist der Erlös der Erlösfunktion $E = (5 - x) \cdot x$ maximiert?

$\frac{dE}{dx} = 5 - 2x = 0$ und auflösen nach $x = 2{,}5$

Minimum oder Maximum?

$\frac{d^2E}{dx^2} = -2 < 0$ daher ein Maximum.

2. Bei welcher Menge x sind die Kosten der Kostenfunktion $K = 5x^2 - 5x + 10$ minimiert?

$\frac{dK}{dx} = 10x - 5 = 0$ und auflösen nach x ergibt x = 0,5

Minimum oder Maximum?

$\frac{d^2K}{dx^2} = 10 > 0$ daher ein Minimum.

3. Bei welchen Mengen x_1 und x_2 ist der Gewinn maximiert? Erlösfunktion und Kostenfunktion lauten:

$E = (10 - 2x_1) \cdot x_1 + (50 - 3x_2) \cdot x_2$

$K = 80 + 1{,}3x_1 + 1{,}8x_2$

Dies ergibt die Gewinnfunktion: $G = 98{,}7x_1 - 2x_1^2 + 48{,}2x_2 - 3x_2^2 - 80$

$\frac{\partial G}{\partial x_1} = 98{,}7 - 4x_1 = 0$ aufgelöst ergibt sich $x_1 = 24{,}675$

$\frac{\partial G}{\partial x_2} = 48{,}2 - 6x_2 = 0$ aufgelöst ergibt sich $x_2 = 8{,}033$

Die 2. Ableitungen sind jeweils negativ.

Lösungen zu ausgewählten Aufgaben

Ökonomische Grundzusammenhänge

3. Der Zinssatz in einer Volkswirtschaft (Cobb-Douglas-Produktionsfunktion) ist 15%. Der Kapitalkoeffizient ist 2. Wie lautet die Produktionsfunktion?

Ausgehend von gewinnmaximierend handelnden Unternehmen gilt $r = \frac{\partial Y}{\partial K}$. Setzen wir dies und den Kapitalkoeffizienten von 2 in die Gleichung $1-\alpha = \frac{\partial Y}{\partial K} \cdot \frac{K}{Y}$ ein (zur Ermittlung dieser Gleichung siehe Kapitel A.1. Die Entstehung von Einkommen) ergibt sich $1-\alpha = 0{,}15 \cdot 2 = 0{,}3$. Dies ergibt auf Basis der allgemeinen Produktionsfunktion von $Y = L^{\alpha} \cdot K^{1-\alpha}$ die Produktionsfunktion von $Y = L^{0,7} \cdot K^{0,3}$.

4. Die Produktionselastizität der Arbeit ist 0,6, der gleichgewichtige Kapitalkoeffizient ist 10. Wie hoch sind Zins und Kapitalquote?

Aus einer Produktionselastizität der Arbeit von 0,6 ergibt sich die Produktionsfunktion $Y = L^{0,6} \cdot K^{0,4}$. Nehmen wir wiederum den Zusammenhang $1-\alpha = \frac{\partial Y}{\partial K} \cdot \frac{K}{Y}$ als Basis, ergibt sich nach Einsetzen der Daten $0{,}4 = \frac{\partial Y}{\partial K} \cdot 10$ und damit $\frac{\partial Y}{\partial K} = 0{,}04$, d.h. der Zins ist 4%.

Aus Kapitel A.2. Entstehung von Einkommen wissen wir, dass die Kapitalquote = 1 - α, d.h. in unserem Beispiel beträgt die Kapitalquote 0,4.

Solow-Modell ohne technischen Fortschritt

9. Nehmen Sie an, eine Volkswirtschaft lässt sich durch das Solow-Modell ohne technischen Fortschritt beschreiben. Aus dieser Volkswirtschaft sind folgende Daten bekannt: Sparquote= 0,2; Kapitalquote = 0,5; Wachstumsrate der Bevölkerung = 2%; Abschreibungsrate = 5%; die aktuelle Kapitalintensität beträgt 2,56.

a) Bestimmen Sie die Wachstumsrate der Kapitalintensität.

b) Bestimmen Sie Kapitalintensität , Pro-Kopf-Einkommen und Pro-Kopf-Konsum im Steady State.

c) Weisen Sie nach, dass sich die Volkswirtschaft (beim Ergebnis aus b) <u>nicht</u> im langfristigen Konsummaximum befindet.

d) Welche Datenänderung ist erforderlich, um das langfristige Konsummaximum zu erreichen ?

zu a) Die Wachstumsrate der Kapitalintensität ist $\frac{\dot{k}}{k}$, die Kapitalintensität ist in der Aufgabenstellung angegeben, somit müssen wir zunächst nur das absolute Wachstum der Kapitalintensität ermitteln. Diese beträgt $\dot{k} = s' \cdot y - (\gamma + g_L) \cdot k$. Da wir im Solow-Modell von einer Cobb-Douglas-Produktionsfunktion ausgehen, gilt als Pro-Kopf-Produktionsfunktion $y = k^{1-\alpha}$. Bei einer Kapitalquote von 0,5 ergibt sich für das absolute Wachstum der Kapitalintensität

$$\dot{k} = 0{,}2 \cdot \sqrt{2{,}56} - (0{,}05 + 0{,}02) \cdot 2{,}56 = 0{,}1408$$

Die Wachstumsrate der Kapitalintensität ist daher $\frac{\dot{k}}{k} = \frac{0{,}1408}{2{,}56} = 5{,}5\%$

zu b) Im Steady State ist das Wachstum der Kapitalintensität gleich null. Daher gilt der Zusammenhang $s' \cdot f(k) = (\gamma + g_L) \cdot k$ .Unsere bekannten Größen eingesetzt, ergibt $0{,}2 \cdot k^{0{,}5} = (0{,}05 + 0{,}02) \cdot k$, lösen wir dies nach k auf, ergibt sich eine gleichgewichtige Kapitalintensität von **k = 8,163.** Das gleichgewichtige Pro-Kopf-Einkommen laute $y = \sqrt{8{,}163} = 2{,}857$. Den gleichgewichtigen Pro-Kopf-Konsum können wir aus der Pro-Kopf-Konsumfunktion $c = c' \cdot y y$ ermitteln. Da s´ = 0,2 ist die Konsumquote 0,8, dies ergibt einen gleichgewichtigen Pro-Kopf-Konsum von **c = 2,286**

zu c) Im Konsummaximum gilt die Goldene Regel, d.h. es muss gelten f´(k) = (γ + g_L), die Grenzproduktivität des Kapitals muss der Summe aus Abschreibungsrate und Wachstumsrate der Bevölkerung entsprechen (hier 0,07). Im Ergebnis b) betrug die Kapitalintensität k = 8,163 und die Pro-Kopf-Produktionsfunktion $y = \sqrt{8{,}163}$. Zur Ermittlung der Grenzproduktivität müssen wir hiervon die erste Ableitung bilden: $\frac{\partial y}{\partial k} = 0{,}5 \cdot 8{,}163^{-0{,}5} = 0{,}175$ .Da dies ungleich 0,07 ist, befindet sich die Volkswirtschaft in b) nicht im Konsummaximum.

zu d) Das Konsummaximum wird realisiert, wenn die Sparquote der Kapitalquote entspricht, dann gilt $f'(k) = (\gamma + g_L)$. D.h. die Sparquote muss auf 0,5 steigen.

Ramsey Ansatz

21. Eine Volkswirtschaft lässt sich durch das Solow- Modell ohne technischen Fortschritt beschreiben. Die Volkswirtschaft befindet sich im Steady State. Die Produktionsfunktion lautet: $Y = L^{(1-\alpha)} K^{\alpha}$. Der Anteil des Arbeitseinkommens am Gesamteinkommen (Lohnquote) beträgt 50%. Die Sparquote hat einen Wert von 0,2; die Abschreibungsrate beträgt 0,04 und das Arbeitsangebot ist normiert auf 1 (die Wachstumsrate der Bevölkerung beträgt null).

a) Bestimmen Sie die Größe des Kapitalstocks und den markträumenden Lohn im Steady State.

b) Nehmen Sie abweichend von dem bisherigen Kontext an, dass die obige Volkswirtschaft sich im langfristigen Nutzenmaximum entsprechend der „Goldenen Nutzenregel“ befindet (kein technischer Fortschritt). In diesem Steady State verändern sich die Präferenzen insofern, als dass der Wert der subjektiven Diskontrate um 2 % sinkt. Wie muss sich die Grenzproduktivität des Kapitals bzw. der Bruttozins verändern, damit ein neuer Steady State realisiert wird, in dem die „Goldenen Nutzenregel“ erfüllt ist? Muss die Sparquote hierzu erhöht oder gesenkt werden ?

zu a) Im Steady State ist das Wachstum der Kapitalintensität gleich null. Daher gilt der Zusammenhang $s' \cdot f(k) = \gamma \cdot k$. Setzt man die angegeben Werte ein, erhält man $0{,}2 \cdot k^{0,5} = 0{,}04 \cdot k$. Löst man diese Gleichung nach k auf, so erhält man einen Wert von 25 für die Kapitalintensität. Da das Arbeitsangebot genau 1 beträgt, sind die Größen von Kapitalstock und Kapitalintensität gleich groß, die Größe des Kapitalstocks beträgt 25.

Der markträumende Lohn entspricht (im Gewinnmaximum) der Grenzproduktivität der Arbeit bei Vollbeschäftigung = $\frac{\partial Y}{\partial L}$. Es gilt bei L = 1 und K = 25 $\frac{\partial Y}{\partial L} = \alpha \cdot L^{\alpha-1} \cdot K^{1-\alpha} = \frac{0{,}5 \cdot K^{0,5}}{L^{0,5}} = 2{,}5$, der markträumende Lohnsatz ist somit 2,5.

zu b) Nach der Goldenen Nutzenregel ist das Konsummaximum (über alle Generationen) dann erreicht, wenn der Bruttozins (= Grenzproduktivität des Kapitals) der Summe aus Bevölkerungswachstumsrate, Abschreibungsrate und Zeitpräferenzrate bzw. subjektive Diskontrate entspricht. Eine Senkung der Zeitpräferenzrate um 2% bedeutet folglich, dass der Zins auch um 2% sinken muss, damit das Konsummaximum realisiert wird. Zu einer solchen Zinssenkung kommt es nur, wenn sich die Kapitalintensität entsprechend erhöht. Dies wiederum setzt voraus, dass sich die Ersparnisse bzw. die Sparquote entsprechend erhöhen.

Solow-Modell mit technischen Fortschritt

24. In einer Volkswirtschaft betrage die Lohnquote 50 %, die Wachstumsrate des Gesamteinkommens beläuft sich auf 7% und 82,5% des Einkommens werden (in allen Perioden) konsumiert. Die Abschreibungsrate ist 0%.

a) Bestimmen Sie die Kapitalintensität (in Effizienzeinheiten) im stationären Zustand.

b) Bestimmen Sie die Wachstumsrate der Kapitalintensität (in Effizienzeinheiten), wenn diese abweichend von a) einen Wert von 2 hat.

zu a) Zunächst folgt aus einer Lohnquote von 50% eine Kapitalquote von 50%. Zudem gilt im Steady State im Solow-Modell mit technischem Fortschritt $s' \cdot f(k_e) = (g_A + g_L) \cdot k_e$ und, dass die Wachstumsrate des Gesamteinkommens der Summe aus technischem Fortschritt und Wachstumsrate der Bevölkerung entspricht $\frac{\dot{Y}}{Y} = (g_L + g_A)$. Aus einer Konsumquote von 82,5% folgt eine Sparquote von 17,5%. Setzen wir diese Informationen alle in die Gleichung oben ein, ergibt sich $0{,}175 \cdot k_e^{0,5} = (0{,}07) \cdot k_e$. Lösen wir dies auf, erhalten wir eine Kapitalintensität in Effizienzeinheiten im Steady State in Höhe von $k_e = 6{,}25$

zu b) Das absolute Wachstum der Kapitalintensität ist $\dot{k}_e = s' \cdot f(k_e) - (\gamma + g_L + g_A) \cdot k_e$. Setzen wir nun wieder die Daten von oben inklusive der Kapitalintensität von 2 ein, erhalten wir $\dot{k}_e = 0{,}175 \cdot 2^{0,5} - 0{,}07 \cdot 2 = 0{,}107$. Die Wachstumsrate der Kapitalintensität ist

$$\frac{\dot{k}_e}{k} = \frac{0{,}107}{2} = 0{,}0537 = 5{,}37\%.$$

25. Eine Volkswirtschaft befindet sich im (langfristigen) Konsummaximum. Aus dieser Volkswirtschaft sind folgende Daten bekannt: Produktionselastizität der Arbeit = 0,6; Wachstumsrate des technischen Fortschritts und Wachstumsrate der Bevölkerung jeweils 2%; Abschreibungen = 0. Bestimmen Sie

a) die Sparquote

b) den gleichgewichtigen Kapitalkoeffizienten

c) die Kapitalintensität (in Effizienzeinheiten)

d) das Pro-Kopf-Einkommen (in Effizienzeinheiten) und

e) die Wachstumsrate des Pro-Kopf- Einkommens (in natürlichen Einheiten).

zu a) Das Konsummaximum wird realisiert, wenn die Kapitalquote der Sparquote entspricht (analog zum Solow-Modell ohne technischen Fortschritt). Aus einer Produktionselastizität der Arbeit von 0,6 folgt eine Kapitalquote von 0,4. Die Sparquote beträgt im langfristigen Konsummaximum daher 0,4.

zu b) Die Kapitalquote ist definiert als $1-\alpha = \frac{\partial Y}{\partial K} \cdot \frac{K}{Y}$. Im Konsummaximum gilt $\frac{\partial Y}{\partial K} = (\gamma + g_L + g_A)$, dies ergibt in unserem Beispiel $\frac{\partial Y}{\partial K} = 0{,}04$. Eingesetzt in die Gleichung für die Kapitalquote $0{,}4 = 0{,}04 \cdot \frac{K}{Y}$ ermitteln wir einen Kapitalkoeffizienten von $\frac{K}{Y} = 10$.

zu c) Im Konsummaximum befindet sich die Volkswirtschaft in einem Steady State, d.h. $\dot{k}_e = 0$ und $s' \cdot f(k_e) = (\gamma + g_L + g_A) \cdot k_e$. Setzen wir in diese Gleichung unsere Daten ein $0{,}4 \cdot k_e^{0{,}4} = 0{,}04 \cdot k_e$. Aufgelöst ergibt sich eine Kapitalintensität in Effizienzeinheiten in Höhe von $\dot{k}_e = 46{,}416$.

zu d) Das Pro-Kopf-Einkommen in Effizienzeinheiten lässt sich einfach aus der

Pro-Kopf-Produktionsfunktion ermitteln. $y_e = f(k_e) = 46{,}416^{0,4} = 4{,}6416$.

zu e) Das Pro-Kopf-Einkommen in natürlichen Größen steigt langfristig genau mit der Rate des technischen Fortschritts an. Dies ergibt $\frac{\dot{y}}{y} = 0{,}02 = 2\%$.

27. Die beiden Volkswirtschaften D und E lassen sich durch das Solow-Modell mit technischem Fortschritt beschreiben Die Produktionsfunktionen sowie alle anderen relevanten Parameter sind mit Ausnahme der Sparquoten „über alle Perioden“ identisch. Die Sparquote in Volkswirtschaft D ist größer als die Sparquote von Volkswirtschaft E. Im Jahr X sind die Pro-Kopf Einkommen in den beiden Volkswirtschaften identisch.

a) Erläutern Sie sehr kurz, warum Volkswirtschaft D sich im Jahr X nicht im stationären Zustand befinden kann.

b) In welchem Land ist die Wachstumsrate des Pro-Kopf-Einkommens (in Effizienzeinheiten) im Jahr X höher?

c) Im Jahr Y ist die Wachstumsrate der Kapitalintensität in Effizienzeinheiten in beiden Ländern null. Folgt hieraus, dass sich die Pro-Kopf-Einkommen (in Effizienzeinheiten) im weiteren Zeitablauf in ihrer absoluten Höhe angleichen werden?

d) Wie verändern sich die absolute Höhe des Kapitalbestandes pro Kopf (K/L) und die Wachstumsraten der Pro-Kopf-Produktion (Y/L) in der Zeit nach dem Jahr Y in beiden Ländern ?

zu a) Aufgrund der höheren Sparquote von Volkswirtschaft D ist das Pro-Kopf-Einkommen von Volkswirtschaft im stationären Zustand größer als das entsprechende Einkommen von Volkswirtschaft E. Da die Pro-Kopf-Einkommen im Jahr X identisch sind, kann sich zumindest Volkswirtschaft D nicht im stationären Zustand befinden.

zu b) Wie bereits unter a) dargestellt, kann sich Volkswirtschaft D nicht im stationären Zustand befinden.

Befindet sich Volkswirtschaft E im Jahr X im stationären Zustand, so ist die Wachstumsrate des Pro-Kopf-Einkommens im Jahr X in Volkswirtschaft D „sowieso“ größer als in Volkswirtschaft E.

Aber auch wenn sich beide Volkswirtschaften nicht im stationären Zustand befinden, ist die Wachstumsrate des Pro-Kopf-Einkommens im Jahr X in Volkswirtschaft D größer als in Volkswirtschaft E. Dies folgt daraus, dass Volkswirtschaft D aufgrund der höheren Sparquote bei einer identischen Höhe des Pro-Kopf-Einkommens "relativ weiter entfernt" von dem eigenen stationären Zustand ist als Volkswirtschaft E (im Jahr X gilt daher: k von Volkswirtschaft D > k von Volkswirtschaft E).

zu c) Im Jahr Y befinden sich beide Volkswirtschaften im stationären Zustand ($\dot{k} = 0$)Hieraus folgt, dass die Wachstumsraten des Pro-Kopf-Einkommens identisch und gleich null sind. Aufgrund der höheren Sparquote ist das Pro-Kopf-Einkommen in Volkswirtschaft D aber absolut größer als in Volkswirtschaft E. Hieraus folgt, dass die Pro-Kopf-Einkommen sich in der absoluten Höhe nicht annähern werden.

zu d) Der Kapitalbestand pro Kopf wächst mit der Rate des technischen Fortschritts (gA). Die Wachstumsraten der Pro-Kopf-Produktion (Y/L) betragen jeweils „gA" und verändern sich nach dem Jahr Y nicht mehr. Dies gilt für beide Länder.

aK-Modell

30. Erläutern Sie kurz, warum in der aK-Produktionsfunktion der Produktionsfaktor Arbeit nicht auftaucht.

Arbeit wird im aK-Modell unter Humankapital subsumiert. Das Humankapital ist, neben dem Sachkapital, im Kapitalbegriff enthalten.

31. Wie verändert sich die Grenzproduktivität des Kapitals bei Erhöhung des Kapitalbestandes?

Die Grenzproduktivität ist, unabhängig von der Höhe des Kapitalbestandes, konstant.

33. In einer Volkswirtschaft gilt die Produktionsfunktion Y(K) = 0,3 K bzw. f(k) = 0,3 k. Die Abschreibungsrate ist 0, die Bevölkerung wächst mit 2% und 80% des Einkommens wird konsumiert. Bestimmen Sie die Wachstumsraten der Kapitalintensität und des Pro-Kopf-Einkommens.

Das Wachstum der Kapitalintensität im aK-Modell lautet $\dot{k} = s' \cdot a \cdot k - (\gamma + g_L) \cdot k$, die Wachstumsrate dementsprechend

$\frac{\dot{k}}{k} = s' \cdot a - \gamma - g_L$. Die Zahlen aus unserer Aufgabe eingesetzt, ergibt folgende

Wachstumsrate der Kapitalintensität $\frac{\dot{k}}{k} = 0{,}2 \cdot 0{,}3 - 0{,}02 = 0{,}04 = 4\%$.

Die Wachstumsrate des Pro-Kopf-Einkommens lautet $\frac{\dot{y}}{y} = \frac{\dot{a}}{a} + \frac{\dot{k}}{k}$. Da $\frac{\dot{a}}{a} = 0$ entspricht die Wachstumsrate des Pro-Kopf-Einkommens der der Kapitalintensität.

D.h. $\frac{\dot{y}}{y} = 0{,}04 = 4\%$.

35. Zwei Länder, deren Pro-Kopf-Einkommen sich im Jahre X unterscheiden, produzieren mit der identischen aK-Technologie. Auch die Bevölkerungswachstumsrate, die Abschreibungsrate und die Sparquote stimmen jeweils in beiden Ländern überein. Werden sich die Pro-Kopf-Einkommen der beiden Länder angleichen?

Die Wachstumsraten der Kapitalintensität und des Pro-Kopf-Einkommens stimmen in beiden Ländern überein. Da sich die Pro-Kopf-Einkommen im Jahre X unterscheiden, werden sich die absoluten Pro-Kopf-Einkommen nicht angleichen, sondern sich weiter voneinander entfernen.

Intertemporale Optimierung im aK-Modell

36. Untersuchen Sie die Auswirkungen einer proportionalen Einkommensteuer auf die Wachstumsrate des Konsums. Unterstellen Sie hierbei, dass die Steuereinnahmen für Staatskonsum verwendet werden, der nicht in der Nutzenfunktion der Haushalte berücksichtigt wird. Gehen Sie bei Ihrer Untersuchung wie folgt vor:

a) Formulieren Sie die für diesen Kontext relevante Nebenbedingung(Annahme: die Wachstumsrate der Bevölkerung ist null).

b) Integrieren Sie die Nebenbedingung in die Hamiltonfunktion und bestimmen Sie die Wachstumsrate des Konsums.

c) Interpretieren Sie das Ergebnis.

zu a) Das Pro-Kopf-Einkommen entspricht dem Produkt aus Zinseinkommen und Kapitalintensität (y = r · k) und muss um die Steuerzahlungen reduziert werden. Die Nebenbedingung lautet daher (mit t = proportionaler Einkommensteuersatz)

$$\dot{k} = (1-t)\cdot r\cdot k - c - \gamma\cdot k\,.$$

zu b) Integriert man diese Nebenbedingung in die Hamiltonfunktion, so erhält man folgendes Ergebnis: $H = \dfrac{c^{1-\sigma}-1}{1-\sigma} + \lambda\cdot[(1-t)\cdot(r-\gamma)\cdot k - c]$

Optimiert man die Hamiltonfunktion nach den oben dargestellten Regeln, so erhält man als Wachstumsrate des Pro-Kopf-Konsums $\dfrac{\dot{c}}{c} = \dfrac{(1-t)\cdot r - \gamma - \theta}{\sigma}$

zu c) Wie im Ergebnis zu b) zu erkennen ist, senkt eine Einkommensteuer die Wachstumsrate des Pro-Kopf-Konsums. Hierbei gilt: umso größer der Steuersatz, desto geringer die Wachstumsrate des Pro-Kopf-Konsums. Im Extremfall kann die Wachstumsrate des Pro-Kopf-Konsums aufgrund der Steuer sogar negativ werden.

Literatur

Im Folgenden finden Sie weiterführende Bücher, die wir empfehlen können, zusammen mit einer kurzen Charakterisierung. Von den amerikanischen Standardwerken haben wir das Original und die deutschen Übersetzungen angegeben. Doch wenn Sie nicht gerade im absoluten Prüfungsstress sind und in der Schule irgendwann einmal Englischunterricht erlitten haben, trauen Sie sich an die englischsprachigen Originalbücher! Sie sind IMMER besser als die deutschen Übersetzungen. Später kommen sie ohne englisches Vokabular sowieso nicht aus – und witziger sind sie auch geschrieben.

Mikro- und Makroökonomik

Zunächst zwei einführende Bücher in die Mikro- und die Makroökonomik aus der selben Reihe wie das vorliegende Buch. In beiden Bücher wurde auf eine möglichst einfache und verständliche Darstellung geachtet.

Grote/Wellmann; Mikroökonomik, München 1999, Oldenbourg Verlag

Wellmann/ Hünseler; Makroökonomik, München 2001, Oldenbourg Verlag

Wachstumstheorie

Barro, Robert J. / Sala-I-Martin, Xavier (2003), Economic Growth , 2. edition, MIT Press, Cambridge. Englischsprachiges Lehrbuch, teilweise auch recht mathematisch.

Meyer, Eric Christian /Müller- Siebers, Karl-Wilhelm / Ströbele, Wolfgang (1998), Wachstumstheorie, 2 Aufl. , Oldenbourg Verlag. Teilweise ein wenig kompliziert, aber dennoch ein empfehlenswertes Lehrbuch.

Maußner, Alfred / Klump, Rainer (1996), Wachstumstheorie , Springerverlag. Sehr mathematisch und sehr kompliziert, nur für Menschen mit sehr guten Mathematikkenntnissen zu gebrauchen.

Norbert Reetz, Konjunktur und Wachstum. Eine Einführung in die reale Theorie. St. Gallen: Surbir, 5. Auflage 1987, Online-Version 5-7 (Adobe Acrobat (PDF-) File der Version 5.0; 1,93 MB; Stand: Oktober 2003). Link: http://www.fgn.unisg.ch/org/fgn/web.nsf/SysWebRessources/Konjunktur_und_Wachstum/$FILE/KW6V5-7I.pdf. Sehr mathematisch.

Vahlens Kompendium der Wirtschaftstheorie und Wirtschaftspolitik, 8. Auflage, Verlag Vahlen, Band 1, Kapitel: Konjunktur und Wachstum. Recht verständlicher Überblick über die Grundmodelle der Wachstumstheorie, ohne viel Mathematik

Sachregister

www.ingramcontent.com/pod-product-compliance
Lightning Source LLC
LaVergne TN
LVHW010648300926
849161LV00005B/1058